날마다 배우는 초등 필수 관용 표현

하유정 감수
초등국어연구소 지음
유희수 그림

카시오페아
Cassiopeia

놀이하듯 즐겁고 재미있게 익히는
초등 필수 관용 표현

오랜만에 학교에서 요리 실습을 하기로 했어요. 아이들은 요리 실습 하는 날을 '눈이 빠지게' 기다렸죠. 드디어 그날이 되었어요. 아이들은 요리에 대한 설명을 듣기도 전에 '꼬리에 꼬리를 물고' 질문을 쏟아 냈어요. 저는 가까이 와서 요리 시범을 보라고 했어요. 그랬더니 무슨 일이 일어났을까요? 맞아요. 아이들이 제 앞으로 '벌 떼 같이' 모여들었지요. 아이들은 저마다의 개성 있는 요리를 완성했어요. 특히 '손발이 잘 맞은' 모둠의 요리는 '입이 떡 벌어질 만큼' 멋졌어요.

여러분은 '눈이 빠지게', '꼬리에 꼬리를 물다', '벌 떼 같이 모여들다', '손발이 잘 맞다', '입이 떡 벌어질 만큼'이 어떤 뜻인지 금방 알아차릴 수 있었나요?

설마 '눈이 빠지게'를 읽으며 눈알이 빠지는 모습을 상상한 친구가 있나요? '눈이 빠지게'는 간절한 마음으로 오랫동안 애타게 기다리는 모습을 나타낸 말이에요. 재미있는 활동이나 보고 싶은 스타를 기다렸던 경험을 떠올리면 '눈이 빠지게'가 어떤 뜻인지 알아차릴 수 있을 거예요.

'눈이 빠지게', '꼬리에 꼬리를 물다' 등과 같이 오랜 시간 써 온 말이 본래의 뜻과는 다른 의미로 굳어진 짧은 문장을 '관용 표현'이라고 해요. 관용 표현은 겉으로 보이는 각 단어의 뜻만 알아서는 전체의 의미를 해석하기가 쉽지 않지요.

예를 들어 '꼬리에 꼬리를 물다'를 상상해 볼까요? 긴 꼬리가 있는 동물들이 줄지어 서서 앞에 있는 동물의 꼬리를 입에 물고 있는 모습이 떠오를 거예요. 동물의 생태에 대해 이야기할 때 쓸 법한 말인데, 질문이 꼬리를 문다니! 무슨 뜻인지 알듯 말듯 하지요.

'꼬리에 꼬리를 물다'는 '소문이나 사건이 계속 이어진다'는 의미의 관용 표현이에요. 분명 잘 아는 단어들인데도 의미를 파악하기 어렵죠? 관용 표현은 문맥이나 상황을 바탕으로 그 뜻을 유추해야 하기 때문이에요. 게다가 단순히 뜻만 알아서는 관용 표현을 상황에 맞게 사용하기 어려울 수 있어요. 뜻은 물론이고 상황에 알맞은 쓰임까지 알아야 해서 어렵고 낯설게 느껴질 수 있는 것이 바로 '관용 표현'이랍니다.

이처럼 어렵고 낯설게 느껴지는 관용 표현을 왜 꼭 익혀야 할까요?

"아이들이 많이 모여들었어요."라는 문장보다 "아이들이 벌 떼 같이 모여들었어요."라는 문장이 같은 의미라도 더 생생하고 맛깔나게 들릴 거예요. 이것이 바로 관용 표현을 익혀야 하는 이유예요. 어휘력과 표현력이 남달라질 수 있거든요.

내 생각을 풍부하게 말하거나 글로 쓰려면 무엇보다 다양한 어휘를 알고 있어야 해요. 여기에 관용 표현까지 더해지면 하고자 하는 말을 더 효과적으로 전달할 수 있고, 표현력도 풍부해진답니다.

또 관용 표현에는 재치 있는 표현이 많아서 다른 사람에게 전하기 어렵고 불편한 말을 할 때 활용하면 좋아요. 직설적인 표현보다 훨씬 부드럽게 표현할 수 있거든요.

관용 표현을 필요할 때, 필요한 곳에 사용하기 위해서는 상황에 알맞은 관용 표현과 예문을 다양하게 알고 있어야 해요. 그런데 다양한 관용 표현을 익히려면 어떻게 공부해야 할까요? 관용 표현이 실생활에서 어떻게 사용되는지 아는 것이 중요하겠죠.

그런 의미에서 『놀면서 배우는 초등 필수 관용 표현』은 초등 친구들이 다양한 관용 표현을 배우고 익히기에 딱 맞는 유익한 책이에요. 관용 표현이 일상에서 어떻게 사용되는지 짧은 만화를 통해 쉽고 재미있게 알려 주거든요.

또 매일매일 관용 표현에 관한 문제를 풀 수 있는 것도 이 책의 큰 장점이에요. 배운 내용을 복습하는 퀴즈를 통해 문장 안에서 관용 표현의 쓰임을 알아보고, 비슷한 뜻을 가진 관용 표현과 반대되는 뜻을 가진 관용 표현까지 배우면 관용 표현의 깊은 의미를 절로 이해하게 될 거예요. 마지막으로 신문 기사, 편지글, 대화글, 안내문 등 다양한 종류의 글 속에서 관용 표현이 어떻게 활용되는지를 볼 수 있어, 독해력도 향상시킬 수 있답니다.

우리 친구들이 이 책을 통해 초등 필수 관용 표현을 재미있게 익히고 일상생활 속에서 활용할 수 있다면 말과 글이 얼마나 생동감 넘칠까요? 상상만으로도 설레지요?

하루에 10분씩만 투자해 보세요. 이 책을 덮을 즈음에는 50개의 관용 표현을 상황에 맞게 자유자재로 사용할 수 있을 거예요.

자, 지금부터 엉뚱하지만 귀엽고 깜찍한 캐릭터들이 펼치는 재미있는 관용 표현 이야기 속으로 들어가 볼까요?

– 하유정(초등 교사, 유튜브 '어디든학교' 운영)

시작하기 전에 이것만은 꼭!

✔ 가급적 아이와 '함께' 이 책을 활용해 주세요. 그러면 아이는 주 양육자와의 공부
시간을 즐거운 추억으로 기억할 수 있게 됩니다.

✔ 시간에 쫓기지 마세요. 다만, 공부 시간을 규칙적으로 확보해 주세요. 시간에 쫓기
며 하는 것보다는 여유로운 마음으로 해야 공부도 더 잘됩니다.

✔ 빨리할 때 칭찬하지 말고 열심히 할 때 칭찬해 주세요. 아이가 '빨리'보다는 '열심
히'에 강화될 수 있게 해 주세요. 공부의 기초를 다지는 초등 시기에는 신속성보다
정확성이 더 요구됩니다.

✔ 한 번에 많이 하는 것보다는 꾸준히 오래 하는 것이 훨씬 중요합니다. 조금씩 하
되, 꾸준히 오래 하여 끝맺는 습관은 아이의 공부 습관의 토대가 되어 줍니다.

차례

 1주 ㄱ으로 시작하는 관용 표현

 2주 ㄱ으로 시작하는 관용 표현

 3주 ㄲ, ㄴ으로 시작하는 관용 표현

함께 관용 표현을 공부할 친구들

뭉식 유자 라미 보리 콩 몽 레오

이 책의 활용법

『놀면서 배우는 초등 필수 관용 표현』은 이런 책이에요.

초등학교 1~6학년 교과서에 나오는 필수 관용 표현을 한 권에 모았습니다. 하루에 10분씩, 일주일에 5일, 10주간 50개의 교과 연계 관용 표현을 배우며 국어 공부의 기본인 표현력, 어휘력, 독해력, 문해력을 기를 수 있습니다.

처음부터 끝까지 흥미를 잃지 않고 재미있게 관용 표현을 배울 수 있는 8단계 학습법!

1단계
교과서에 나오는 관용 표현을 눈으로 익힙니다.

2단계
이 표현은 무슨 뜻일까요? 관용 표현의 사전적 의미를 알아보고, 비슷한 말과 반대말을 배웁니다.

3단계
유쾌 발랄! 뭉식이와 친구들이 등장하는 재미있는 만화를 보면서 관용 표현이 일상에서 어떻게 쓰이는지 알아봅니다.

4단계
배운 표현이 문장에서 어떻게 활용되는지 읽으면서 표현력을 키웁니다.

5단계
틀린 표현 찾기, 비슷한 말과 반대말 찾기, 이어질 표현 줄로 잇기 등 간단한 문제를 풀며 어휘력을 넓힙니다.

6단계
짧은 글을 읽고 질문에 답하며 독해력과 문해력을 향상시킵니다. 기사, 편지, 연설문, 안내문, 대화문 등 다양한 형식의 글을 접할 수 있습니다.

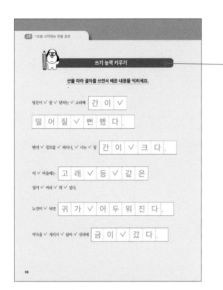

7단계
일주일 동안 배운 단어를 직접 따라 쓰면서 완벽히 내 것으로 만듭니다.

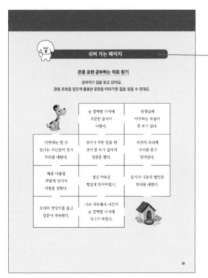

8단계
가로세로 낱말 퍼즐, 미로 찾기, 초성 퀴즈 등 재미있는 놀이를 통해 배운 내용을 한 번 더 복습합니다.

보너스 부록
QR 코드를 스캔해 이 책의 답안지를 다운로드 받으세요.

최고 멋쟁이 _____ (이)의
한 권 끝 계획표

- 총 50일, 이 책을 공부하는 동안 아이가 사용하는 한 권 끝 계획표입니다. 하루 10분, 날마다 적당한 분량을 공부할 수 있도록 2쪽으로 구성했습니다.

- 한 권 끝 계획표를 사용하기 전, 가장 먼저 상단 제목 빈칸에 아이가 직접 자신의 이름을 쓰도록 지도해 주세요. 책임감을 기르고 자기 주도 학습의 출발점이 됩니다.

- 아이가 한 권 끝 계획표를 야무지게 활용할 수 있도록 다음과 같이 지도해 주세요.
  ❶ 공부를 시작하기 전, 한 권 끝 계획표에 공부 날짜와 쪽수를 씁니다.
  ❷ 공부 날짜를 쓴 다음, 공부 내용과 쪽수를 스스로 확인합니다.
  ❸ 책장을 넘겨서 신나고 즐겁게 그날의 내용을 공부합니다.
  ❹ 공부를 마친 후, 다시 한 권 끝 계획표를 펼쳐 공부 확인에 표시합니다.

- 한 권 끝 계획표의 공부 확인에는 공부를 잘 마친 아이가 느낄 수 있는 감정을 그림으로 담았습니다. 그날의 공부를 마친 아이가 ⭐ (신남), 🖤 (설렘), 😊 (기쁨)을 살펴보고 표시하면서 성취감을 느낄 수 있도록 많이 격려하고 칭찬해 주세요.

ㄱ으로 시작하는 관용 표현

1주	공부 날짜		공부 내용	쪽수	공부 확인
월요일	월	일	가슴을 졸이다	쪽	⭐ ❤️ 🙂
화요일	월	일	가슴이 벅차다	쪽	⭐ ❤️ 🙂
수요일	월	일	가슴이 저리다	쪽	⭐ ❤️ 🙂
목요일	월	일	가슴이 철렁하다	쪽	⭐ ❤️ 🙂
금요일	월	일	가슴이 탁 트이다	쪽	⭐ ❤️ 🙂

ㄱ으로 시작하는 관용 표현

2주	공부 날짜		공부 내용	쪽수	공부 확인
월요일	월	일	간 떨어지다	쪽	⭐ ❤️ 🙂
화요일	월	일	간이 크다	쪽	⭐ ❤️ 🙂
수요일	월	일	고래 등 같다	쪽	⭐ ❤️ 🙂
목요일	월	일	귀가 어둡다	쪽	⭐ ❤️ 🙂
금요일	월	일	금이 가다	쪽	⭐ ❤️ 🙂

유령의 집

ㄲ, ㄴ으로 시작하는 관용 표현

3주	공부 날짜		공부 내용	쪽수	공부 확인
월요일	월	일	까맣게 잊다	쪽	★ ♥ ☺
화요일	월	일	꼬리를 내리다	쪽	★ ♥ ☺
수요일	월	일	꼬리에 꼬리를 물다	쪽	★ ♥ ☺
목요일	월	일	꼴 보기 싫다	쪽	★ ♥ ☺
금요일	월	일	눈 깜짝할 사이	쪽	★ ♥ ☺

ㄴ으로 시작하는 관용 표현

4주	공부 날짜		공부 내용	쪽수	공부 확인
월요일	월	일	눈 녹듯	쪽	★ ♥ ☺
화요일	월	일	눈물이 마를 날 없다	쪽	★ ♥ ☺
수요일	월	일	눈 호강을 하다	쪽	★ ♥ ☺
목요일	월	일	눈에 띄다	쪽	★ ♥ ☺
금요일	월	일	눈이 멀다	쪽	★ ♥ ☺

ㄴ, ㄷ, ㅁ으로 시작하는 관용 표현

5주	공부 날짜		공부 내용	쪽수	공부 확인
월요일	월	일	눈이 번쩍 뜨이다	쪽	⭐ ❤️ 😊
화요일	월	일	눈이 빠지게	쪽	⭐ ❤️ 😊
수요일	월	일	동에 번쩍 서에 번쩍	쪽	⭐ ❤️ 😊
목요일	월	일	똥 마려운 것처럼	쪽	⭐ ❤️ 😊
금요일	월	일	마른침을 삼키다	쪽	⭐ ❤️ 😊

ㅁ, ㅂ으로 시작하는 관용 표현

6주	공부 날짜		공부 내용	쪽수	공부 확인
월요일	월	일	마음에 새기다	쪽	⭐ ❤️ 😊
화요일	월	일	머리를 맞대다	쪽	⭐ ❤️ 😊
수요일	월	일	머릿속이 까매지다	쪽	⭐ ❤️ 😊
목요일	월	일	바늘방석에 앉은 듯	쪽	⭐ ❤️ 😊
금요일	월	일	발이 넓다	쪽	⭐ ❤️ 😊

ㅂ, ㅅ으로 시작하는 관용 표현

7주	공부 날짜		공부 내용	쪽수	공부 확인
월요일	월	일	벌 떼 같다	쪽	⭐ ❤️ 😊
화요일	월	일	손꼽아 기다리다	쪽	⭐ ❤️ 😊
수요일	월	일	손발이 맞다	쪽	⭐ ❤️ 😊
목요일	월	일	숨을 죽이다	쪽	⭐ ❤️ 😊
금요일	월	일	시치미를 떼다	쪽	⭐ ❤️ 😊

ㅆ, ㅇ으로 시작하는 관용 표현

8주	공부 날짜		공부 내용	쪽수	공부 확인
월요일	월	일	쏜살같다	쪽	⭐ ❤️ 🙂
화요일	월	일	이를 악물다	쪽	⭐ ❤️ 🙂
수요일	월	일	이마를 치다	쪽	⭐ ❤️ 🙂
목요일	월	일	이야기꽃을 피우다	쪽	⭐ ❤️ 🙂
금요일	월	일	입을 모으다	쪽	⭐ ❤️ 🙂

ㅇ, ㅈ, ㅊ, ㅋ으로 시작하는 관용 표현

9주	공부 날짜		공부 내용	쪽수	공부 확인
월요일	월	일	입이 떡 벌어지다	쪽	⭐ ❤️ 🙂
화요일	월	일	쥐구멍에 숨고 싶다	쪽	⭐ ❤️ 🙂
수요일	월	일	진땀이 나다	쪽	⭐ ❤️ 🙂
목요일	월	일	천하를 얻은 듯	쪽	⭐ ❤️ 🙂
금요일	월	일	코끝이 시리다	쪽	⭐ ❤️ 🙂

ㅋ, ㅌ, ㅎ으로 시작하는 관용 표현

10주	공부 날짜		공부 내용	쪽수	공부 확인
월요일	월	일	큰코다치다	쪽	⭐ ❤️ 🙂
화요일	월	일	터를 닦다	쪽	⭐ ❤️ 🙂
수요일	월	일	하루에도 열두 번	쪽	⭐ ❤️ 🙂
목요일	월	일	혀를 내두르다	쪽	⭐ ❤️ 🙂
금요일	월	일	호랑이 담배 피우던 때	쪽	⭐ ❤️ 🙂

가슴을 졸이다

걱정으로 인해 매우 초조하고 불안한 상태를 말해요. '마음을 졸이다', '간을 졸이다' 모두 같은 뜻을 가진 말이에요.

몽아, 어쩌지?
나 너무너무 떨려!

나, 나도…

다 왔어? 이제 눈 떠도 돼?

게시판

응, 어서
확인해 봐!

어린이날 그림 대회 수상자

대상: 김다슬
금상: 유자, 차민서
은상: 소현진, 안승연, 한나무

유자 네가
상 탈 줄 알았어!

맞아. 내가 보기에도
유자 그림이 최고였어!

금상이라니!

그렁 그렁

꺄~
유자 축하해!

정말이야? 나는 얼마나
가슴을 졸였는데.

표현력 '가슴을 졸이다' 어떻게 쓰일까요?

(1) 시험을 보고 **가슴을 졸이며** 결과를 기다렸다.

(2) 거짓말이 들통날까 봐 **가슴을 졸이다.**

 어휘력 밑줄 친 말과 비슷한 말에 O 하세요.

(1) 합격자 발표를 기다리며 <u>가슴을 졸이다.</u>

＝ 합격자 발표를 기다리며 (마음을 졸이다. / 가슴을 열다.)

(2) 바람에 텐트가 날아갈까 봐 **가슴을 졸였다.**

＝ 바람에 텐트가 날아갈까 봐 (불안했다. / 편안했다.)

 독해력 짧은 글을 읽고 맞는 말에는 O, 틀린 말에는 X 하세요.

> 오늘 동생과 함께 과자를 사러 슈퍼마켓에 갔어요. 그런데 물건을 고르고 계산대에서 돈을 꺼내는 사이에 동생이 사라져 버린 거예요. 나는 동생에게 무슨 일이 생긴 건 아닌지 가슴을 졸였어요. 얼마 지나지 않아 동생은 아이스크림을 손에 들고 나타났어요. 나는 동생에게 버럭 화를 내고 말았어요.

(1) 동생과 나는 문구점에 갔어요. (   )

(2) 나는 동생이 사라져 가슴을 졸였어요. (   )

(3) 나는 동생을 칭찬했어요. (   )

화요일　가슴이 벅차다

> 감동, 기쁨과 희망이 마음에 넘칠 듯이 가득하다는 뜻이에요. '목이 메다'
> 도 비슷한 뜻이에요.

정말 재미있었어!

응, 마지막에 니모가 아빠를 만나는 장면에서는 눈물도 찔끔 났다니까.

가슴 벅찬 감동이 있는 영화였어.

맞아, 맞아.

헉! 야, 아무리 감동적이어도 가슴을 퍽 차는 건 좀 아니지 않냐?

어휴, 얘 또 시작이네!

뭐? 누가 가슴을 차?

퍽 차는 게 아니고, 벅차다고! '감동이 마음에 넘칠 듯이 가득하다'는 뜻이야.

표현력 '가슴이 벅차다' 어떻게 쓰일까요?

(1) 메달을 딴 국가 대표 선수의 눈물을 보고 가슴이 벅찼다.

(2) 미술관에서 아름다운 그림을 보니 가슴이 벅차다.

 어휘력 둘 중 알맞은 말에 O 하세요.

(1) 한자 시험 합격 소식을 들으니 가슴이 (막히다. / 벅차다.)

(2) 산 정상에 올라 아름다운 풍경을 바라보니 가슴이 (벅찼다. / 찢어졌다.)

 독해력 글을 읽고 어떤 상황에서 자신의 의견을 발표하고 있는지 고르세요.

저를 뽑아 주신다면 웃음이 넘치는 즐거운 학교, 왕따 없는 학교를 만들겠습니다. 누구나 가슴 벅찬 미래를 꿈꿀 수 있도록 행복한 분위기의 학교를 만들겠습니다. 저를 꼭 학생 회장으로 뽑아 주십시오. 감사합니다.

① 뉴스   ② 학생 회장 선거   ③ 졸업식

가슴이 저리다

마음이 슬픔이나 고통으로 가득 차서 견디기 힘들 정도로 아프다는 뜻이에요. '가슴이 아리다', '가슴이 찢어지다', '가슴이 미어지다' 모두 비슷한 뜻을 가진 말이에요.

라미야, 너 또 봉봉이 사진 보는 거야?

...

우리 봉봉이 정말 착했는데…. 나는 아직도 봉봉이 사진만 보면 가슴이 저려.

그래, 라미 네 동생이나 마찬가지였지. 나도 봉봉이 사진을 보니 가슴이 미어진다.

라미야, 힘내! 나랑 떡볶이 먹으러 가자!

봉봉이가 이 세상에 없다는 게 믿기지 않아….

레오야 정말 고마워! 네가 위로해 줘서 마음이 한결 나아졌어.

표현력 '가슴이 저리다' 어떻게 쓰일까요?

(1) 아빠는 돌아가신 할머니만 생각하면 **가슴이 저리다**고 하셨다.
(2) 밥을 먹지 못해 뼈만 앙상하게 남은 TV 속 아이들의 모습을 보고 **가슴이 저렸다**.

 어휘력 이어질 말을 찾아 줄로 연결하세요.

슬픈 영화를 보니 가슴이 •   • 가슴이 아렸다.

사고로 병원에 입원한 친구를 보니 •   • 저리고 눈물이 났다.

 독해력 기사를 읽고 느낀 점을 잘못 말한 친구를 고르세요.

강원도 산불이 이틀째 꺼지지 않고 있습니다. 건조한 날씨와 강한 바람 탓에 불이 마을까지 번져 주민들은 모두 대피한 상태입니다. 오늘 아침에는 불을 끄기 위해 출동한 소방관 한 명이 사망한 것으로 확인되어 안타까움을 더하고 있습니다.

① 민아: 산불이 빨리 꺼져서 마을 주민들이 집으로 돌아갔으면 좋겠어.
② 서진: 소방관의 사망 소식을 듣고 가슴이 저렸어.
③ 미호: 제주도에서 난 산불이 금방 꺼져서 다행이야.

가슴이 철렁하다

예상하지 못한 일에 놀라서 걱정되거나 마음이 무거워진다는 뜻이에요.
'가슴이 철렁 내려앉다'라는 표현도 많이 쓰여요.

표현력 '가슴이 철렁하다' 어떻게 쓰일까요?

(1) 밤 늦게 울리는 전화벨에 가슴이 철렁하다.

(2) 미술 수업 준비물을 놓고 온 것을 알고 가슴이 철렁했다.

 어휘력 둘 중 알맞은 말에 O 하세요.

(1) 할머니께서 편찮으시다는 소식을 듣고 가슴이 (설렜다. / 철렁했다.)

(2) 낯선 동네에서 길을 잃어 가슴이 철렁 (내려앉았다. / 올라붙었다.)

 독해력 친구와 대화한 내용을 읽고 O 안에 들어갈 말을 고르세요.

> 지민아, 그 소식 들었어?
> 체육 선생님이 편찮으셔서
> 오늘부터 학교에 못 나오신대.

> 병원에 입원하셨대.
> 교무실에 심부름 갔다가 들었어.

> 지민아, 미안. 내가 잘못 들었나 봐.
> 선생님 아버지가 편찮으신 거래.

> 그래? 많이 편찮으신가?

> 큰일이네. 우리 같이 병문안 갈래?

> 어휴, 깜짝이야.
> 가슴이 ○○ 했잖아!

① 철렁   ② 번쩍   ③ 윙윙

가슴이 탁 트이다

속에 맺힌 것이 풀려서 마음이 답답한 상태에서 벗어나 편하게 되었다는 뜻이에요. '숨통이 트이다'도 비슷한 뜻의 관용 표현이지요.

얘들아, 우리 시험도 끝났는데 공원에 가서 자전거 탈래?

그래! 좋은 생각이다!

나도 갈래~.

가슴이 탁 트이는 느낌이야!

나도! 시험공부 하느라 답답했는데. 숨통이 트인다!

으아악!

와, 정말 신난다!

나는 더 빨리 달려야지~!

힝, 얘들아. 나 넘어졌어! 여기 피도 나.

어휴! 너 너무 빨리 달린다 했다!

보리야, 우린 먼저 갈게. 너는 자전거 끌고 천천히 걸어와~.

표현력 '가슴이 탁 트이다' 어떻게 쓰일까요?

(1) 친구와 오해가 풀리니 **가슴이 탁 트이는** 기분이다.

(2) 산 정상에 올라서 내려다보는 풍경은 **가슴이 탁 트이도록** 아름다웠다.

 어휘력 밑줄 친 말과 반대의 의미를 가진 말에 O 하세요.

(1) 동생이 내 마음을 알아주니 답답했던 <u>가슴이 탁 트인다.</u>

　　↔ 동생이 내 마음을 몰라주니 가슴이 (꽉 막힌 것 같다. ／ 통쾌하다.)

(2) 신선한 바깥공기를 마시니 <u>가슴이 탁 트인다.</u>

　　↔ 환기를 하지 않아 집 안의 공기가 (개운하다. ／ 답답하다.)

 독해력 사진과 관계없는 말을 하는 친구를 고르세요.

① 예린: 하늘이 흐린 걸 보니 곧 비가 오려나 봐.

② 학규: 푸른 바다를 보니 답답했던 가슴이 탁 트이는 느낌이야.

③ 찬홍: 색색의 물고기들이 사는 바닷속 풍경이 정말 아름다워.

쓰기 능력 키우기

선을 따라 글자를 쓰면서 배운 내용을 익히세요.

거짓말을 ∨ 하고 ∨ | 가 | 슴 | 을 | ∨ | 졸 | 이 | 다 | . |

멋진 ∨ 풍경을 ∨ 보니 ∨ | 가 | 슴 | 이 | ∨ | 벅 | 차 | 다 | . |

슬픈 ∨ 영화를 ∨ 보고 | 가 | 슴 | 이 | ∨ | 저 | 리 | 다 | . |

사고 ∨ 소식에 ∨ | 가 | 슴 | 이 | ∨ | 철 | 렁 | 하 | 다 | . |

신선한 ∨ 공기를 ∨ 마시니 | 가 | 슴 | 이 | ∨ |

| 탁 | ∨ | 트 | 이 | 다 | . |

관용 표현 익히는 사다리 타기 게임

관용 표현을 잘못 활용한 번호에 모두 ○ 하세요.

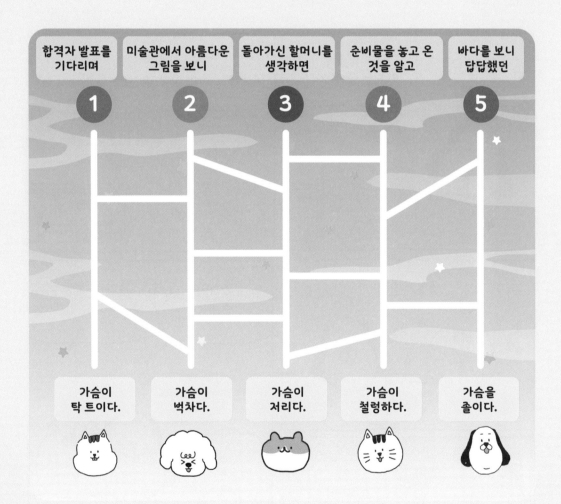

합격자 발표를 기다리며	미술관에서 아름다운 그림을 보니	돌아가신 할머니를 생각하면	준비물을 놓고 온 것을 알고	바다를 보니 답답했던
1	**2**	**3**	**4**	**5**

가슴이 탁 트이다.	가슴이 벅차다.	가슴이 저리다.	가슴이 철렁하다.	가슴을 졸이다.

27

간 떨어지다

 '순간적으로 몹시 놀라다'라는 뜻이에요. '간이 내려앉다', '간이 서늘하다'
도 깜짝 놀랐을 때 쓰이는 비슷한 말이에요.

표현력 '간 떨어지다' 어떻게 쓰일까요?

(1) 방문이 쾅 닫히는 소리에 나는 간이 **떨어질** 뻔했다.

(2) 친구가 갑자기 내 등을 두드리는 바람에 간이 **떨어지는** 줄 알았다.

 어휘력 둘 중 알맞은 말에 O 하세요.

(1) 한밤중에 부엌에서 '쾅' 소리가 들려 나는 (간이 / 코가) 떨어질 뻔했다.

(2) 커튼이 흔들리는 모습이 유령 같아서 간이 (커지는 / 떨어지는) 줄 알았다.

 독해력 그림의 여자아이가 남자아이에게 할 말로 적절한 것을 고르세요.

① 어휴, 간 떨어지는 줄 알았네!

② 어휴, 귀 빠지는 줄 알았네!

③ 어휴, 손 놓는 줄 알았네!

화요일 간이 크다

겁이 없고 용감한 것을 말해요. 반대로 용감하지 못하고 겁이 많은 경우에는 '간이 작다', '간이 콩알만 하다'라는 말을 써요. 한편, 수준에 맞지 않게 지나치게 용감하거나 센 척을 하는 모습을 가리켜 '간이 부었다'고 해요.

표현력 '간이 크다' 어떻게 쓰일까요?

(1) 스턴트맨은 **간이 커야** 할 수 있는 직업이다.

(2) 번지 점프를 하다니, 너는 참 **간도 크다**!

 어휘력 밑줄 친 말과 반대의 의미를 가진 말에 O 하세요.

(1) **간이 큰** 나무꾼은 호랑이를 보고도 무서워하지 않았다.

　　↔ (간이 부은 / 간이 작은) 나무꾼은 호랑이를 보고 벌벌 떨었다.

(2) 높은 곳에 올라가도 무서워하지 않는 은우는 **간이 크다.**

　　↔ 높은 곳을 무서워하는 진수는 (간이 콩알만 하다. / 간이 수박만 하다.)

 독해력 기사를 읽고 사건에 대해 잘못 말한 친구를 고르세요.

6월 10일 오후 2시에 강원도의 부자은행에 강도가 들었습니다. 얼굴을 복면으로 가린 남성 2명이 은행에 들어와 권총으로 창구 직원을 협박한 뒤 돈을 요구했는데요, 마침 돈을 찾기 위해 은행에 온 경찰이 재빠르게 제압하여 피해를 줄일 수 있었습니다. 한편, 강도가 들고 있던 총은 문구점에서 쉽게 구할 수 있는 장난감이었던 것으로 밝혀져 놀라움을 주고 있습니다.

① 마리: 장난감 권총으로 강도 짓을 하다니, 정말 간이 큰 사람들이군!

② 찬우: 한밤중에 은행을 털려고 하다니 간이 작은 도둑이야.

③ 봄이: 강도를 본 사람들의 간이 콩알만 해졌겠다.

수요일 고래 등 같다

크고 우람한 모습을 나타내는 말이에요. 주로 집이 높고 클 때 '고래 등 같다'고 해요.

여기가 한옥 마을이구나!

전통문화가 느껴지는 곳이네.

와, 고래 등 같은 기와집이다.

라미 말대로 기와지붕이 고래의 등처럼 크고 우람하네!

맞아, 맞아~.

에헴! 내가 조선 시대에 태어났다면 이런 고래 등 같은 집에 살지 않았을까?

우리 저쪽으로 가 볼까?

 **표현력** '고래 등 같다' 어떻게 쓰일까요?

(1) 할머니 집은 **고래 등 같아서** 마을 밖에서도 보인다.

(2) 예로부터 양반들이 살던 이 마을에는 **고래 등 같은** 집이 여러 채 있다.

 어휘력 밑줄 친 말과 비슷한 말에 O 하세요.

(1) 열심히 돈을 모아 <u>고래 등 같은</u> 집을 샀다.

= 열심히 돈을 모아 (자그마한 / 커다란) 집을 샀다.

(2) 초가집들 사이에 <u>고래 등 같은</u> 기와집 한 채가 있다.

= 초가집들 사이에 (우람한 / 소박한) 기와집 한 채가 있다.

 독해력 문장을 읽고 O 안에 공통적으로 들어갈 말을 고르세요.

- 기와지붕이 ○○ 등 같다.
- ○○는 바다에 사는 포유류로 크기가 매우 큰 동물이다.
- 화가 나서 ○○○○ 소리를 지르다.

---

① 사자   ② 고래   ③ 참새

목요일

귀가 어둡다

 남의 말을 잘 이해하지 못하거나 둔하다는 뜻이에요. 실제로 소리를 잘 듣지 못하는 경우에도 쓰여요. 반대말은 '귀가 밝다'예요. 작은 소리도 잘 듣는 사람이나 상황 판단을 잘하는 사람에게 쓰는 말이지요.

표현력 '귀가 어둡다' 어떻게 쓰일까요?

(1) 노인이 되면 귀가 어두워져서 작은 소리를 잘 듣지 못한다.

(2) 나는 귀가 어두워서 일을 하며 많이 혼났다.

 어휘력 관용 표현를 바르게 쓴 문장에 O, 틀리게 쓴 문장에 X 하세요.

(1) 소민이는 귀가 밝아서 같은 말을 여러 번 해야 알아듣는다. (   )

(2) 귀가 어두우면 세상 돌아가는 것을 알기 힘들다. (   )

 독해력 대화를 읽고 O 안에 들어갈 말을 고르세요.

> 😎 자네는 젊은 사람이 왜 그렇게 ○○ 어둡나?
> 🧒 네? 뭐라고 하셨는데요?
> 👵 식탁에 휴지 좀 달라고 몇 번이나 말했는데….
> 😄 아, 그러셨어요? 죄송합니다.

① 눈이   ② 입이   ③ 귀가

금요일 # 금이 가다

 서로의 사이가 벌어지거나 틀어졌다, 사이가 나빠졌다는 뜻이에요. '신뢰나 우정이 무너지다'라는 뜻도 있지요.

라미야, 나 아이스크림 하나만 줘.

안 돼. 이건 내일 먹을 거야.

나도 딸기맛 먹고 싶었는데, 라미 네가 마지막 남은 거 가져갔잖아!

그러게 빨리 골랐어야지~!

메롱

흑흑, 우리 사이가 이 정도밖에 안 되는 거야? 5년 우정에 금이 가는 소리가 들린다! 나는 너한테 맛있는 과자도 양보하고 예쁜 공책도 선물하고….

아, 알았어. 이거 너 먹어!

히히, 작전 성공!

표현력 '금이 가다' 어떻게 쓰일까요?

(1) 드라마 주인공들의 사랑에 금이 가다.

(2) 여러 번 약속을 지키지 않아 신뢰에 금이 갔다.

 어휘력 다음 문장에서 관용 표현이 잘못 쓰인 부분에 X 하고 바로잡으세요.

(1) 동생이 나에게 거짓말을 한 것이 밝혀져 믿음에 손이 갔다.

(2) 작은 오해로 인해 오랫동안 사귄 친구와 우정에 금이 붙었다.

 독해력 짧은 글을 읽고 맞는 말에는 O, 틀린 말에는 X 하세요.

경포대는 우리나라 동해에 있는 관광지예요. 여름에는 해수욕을 즐길 수 있어 많은 사람들이 가고 싶어 하는 곳이지요. 그런데 쓰레기를 마구 버리는 관광객들 때문에 바다와 모래사장이 오염되고 있어요. '아름다운 해변'이라는 명성에도 금이 갔어요.

(1) 경포대는 중국에 있는 관광지예요. (   )

(2) 경포대에서는 여름에 해수욕을 할 수 없어요. (   )

(3) 관광객들이 경포대에 쓰레기를 마구 버렸어요. (   )

쓰기 능력 키우기

선을 따라 글자를 쓰면서 배운 내용을 익히세요.

방문이 ∨ 쾅 ∨ 닫히는 ∨ 소리에 | 간 | 이 | ∨ |

| 떨 | 어 | 질 | ∨ | 뻔 | 했 | 다 | . |

번지 ∨ 점프를 ∨ 하다니, ∨ 너는 ∨ 참 | 간 | 이 | ∨ | 크 | 다 | . |

이 ∨ 마을에는 | 고 | 래 | ∨ | 등 | ∨ | 같 | 은 |

집이 ∨ 여러 ∨ 채 ∨ 있다.

노인이 ∨ 되면 | 귀 | 가 | ∨ | 어 | 두 | 워 | 진 | 다 | . |

약속을 ∨ 지키지 ∨ 않아 ∨ 신뢰에 | 금 | 이 | ∨ | 갔 | 다 | . |

38

관용 표현 익히는 가로세로 낱말 퍼즐

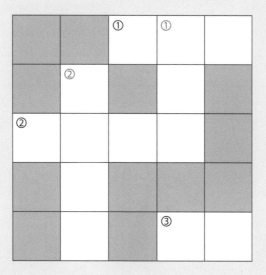

가로 열쇠

① 순간적으로 몹시 놀라다.

　(예) 간이 ○○○ 뻔하다.

② 겁이 없고 용감하다.

　(예) ○이 ○다.

③ 크고 우람한 모습을 나타내는 말.

　(예) ○○ 등 같다.

세로 열쇠

① 남의 말을 잘 이해하지 못하거나 둔하다.

　(예) 귀가 ○○○.

② 서로의 사이가 멀어지거나 틀어지다.

　(예) ○이 ○다.

까맣게 잊다

어떤 사실을 완전히 잊고 전혀 기억하지 못한다는 뜻이에요. 무엇을 까맣게 잘 잊어버리는 사람에게 '까마귀 고기를 먹었다'고 핀잔을 주기도 하는데, 까마귀의 색깔이 까맣기 때문에 생겨난 말이에요.

표현력 '까맣게 잊다' 어떻게 쓰일까요?

(1) 미술 준비물을 **까맣게 잊고** 안 가져왔다.

(2) 하도 오래되어서 그때 일은 **까맣게 잊었다**.

 어휘력 이어질 말을 찾아 줄로 연결하세요.

먹던 음료수를 냉장고에 두고 •　　　　　　• 번뜩 떠올랐다.

까맣게 잊고 있던 약속이 •　　　　　　• 까맣게 잊고 있었다.

 독해력 편지를 읽고 ○ 안에 들어갈 말을 고르세요.

사랑하는 내 친구 유자에게
유자야, 네 생일을 ○○○ 잊어서 정말 미안해.
선물은 준비하지 못했지만 대신 '보리 이용권'을 줄게.
내 도움이 필요할 때 부르면 언제든지 달려가는 쿠폰이야.

2023년 1월 7일
보리 씀

① 까맣게　　　　② 노랗게　　　　③ 파랗게

화요일

꼬리를 내리다

상대방의 기운찬 태도에 눌려 나의 주장을 꺾고 순순히 응하는 상황을 나타내는 말이에요. 싸움에서 졌을 때 쓰는 표현이기도 해요.

레오 너! 물건을 썼으면 제자리에 놔야지!

곧 치우려고 했어! 그리고 아직 사용하고 있단 말이야~.

자, 라미와 레오의 싸움 중계를 시작합니다!

레오의 반격에 라미가 밀리는 것 같은데요?

가위를 바닥에 놓는 바람에 내가 밟아서 발을 다쳤다고!

정말? 미안해. 얼른 치울게.

라미, 강력한 공격을 퍼붓습니다!

레오가 결국 꼬리를 내리며 싸움이 끝납니다.

역시, 사용한 물건은 바로 정리를 해야죠!

표현력 '꼬리를 내리다' 어떻게 쓰일까요?

(1) 맹렬하게 짖던 개가 아버지의 큰소리에 **꼬리를 내리고** 도망쳤다.

(2) 나의 잘못이 드러나 **꼬리를 내릴** 수밖에 없었다.

 어휘력 둘 중 알맞은 말에 O 하세요.

(1) 농구 대회에서 상대편 선수의 키를 본 순간,

(꼬리를 내릴 / 가슴이 저릴) 수밖에 없었다.

(2) 은교는 자신의 약점을 알고 있는 수지 앞에서 항상

(귀가 어둡다. / 꼬리를 내린다.)

 독해력 대화를 읽고 관용 표현을 잘못 활용한 친구를 고르세요.

> 정규: 식탁에 있던 케이크를 누가 먹었지?
>
> 지희: 글쎄…. 누가 먹었지?
>
> 현경: 흠, 지희 네가 먹었구나!
>
> 지희: 나는 아니야!
>
> 정규: 네 입가에 크림이 묻어 있는걸?
>
> 지희: 미안, 너무 맛있어 보여서 딱 한 입 먹었어.

① 하영: 정확한 증거가 나오니 지희가 꼬리를 내렸네!

② 정우: 케이크를 몰래 먹고 거짓말을 하다니! 지희는 간도 크다.

③ 유빈: 내가 지희였으면 들킬까 봐 가슴이 벅찼을 것 같아.

수요일　꼬리에 꼬리를 물다

끝이 보이지 않게 계속 이어진다는 뜻이에요. 생선 굴비를 새끼줄에 줄줄이 꼬아 놓은 모습을 표현한 '굴비 엮듯'도 같은 뜻의 말이에요

표현력 '꼬리에 꼬리를 물다' 어떻게 쓰일까요?

(1) 비슷한 사건이 **꼬리에 꼬리를 물고** 일어났다.

(2) 고속 도로에 차가 **꼬리에 꼬리를 물고** 길게 늘어서 있다.

 어휘력 이어질 말을 찾아 줄로 연결하세요.

무서운 생각이   •   • 꼬리에 꼬리를 물고 이어져 잠을 잘 수 없었다.

꼬리에 꼬리를 물고 •   • 밤새도록 이야기가 끊이지 않았다.

 독해력 O 안에 공통적으로 들어갈 말을 고르세요.

'발 없는 말이 천 리 간다.'라는 속담이 있어. 소문은 ○○에 ○○를 물고 순식간에 멀리까지 퍼지므로 말을 할 때는 매우 신중해야 한다는 뜻이야.

① 냄새   ② 어깨   ③ 꼬리

꼴 보기 싫다

어떤 모습이나 행동이 마음에 들지 않고 아니꼬와 보기 싫다는 뜻이에요. '꼴'은 '겉으로 보이는 사물의 모양'을 뜻해요.

표현력 **'꼴 보기 싫다' 어떻게 쓰일까요?**

(1) 돈 좀 있다고 거들먹거리는 꼴이 보기 싫다.

(2) 일을 하기 싫어 도망 다니는 꼴이 보기 싫었다.

 어휘력 **밑줄 친 말과 비슷한 말에 O 하세요.**

(1) 선생님 앞에서 아부하는 모습이 <u>꼴 보기 싫다.</u>

　　= 선생님 앞에서 아부하는 모습이 (아니꼽다. / 아름답다.)

(2) 너를 <u>더 이상 보기 싫으니</u> 당장 눈앞에서 사라져라.

　　= 네 (등도 / 꼴도) 보기 싫으니 당장 눈앞에서 사라져라.

 독해력 **다음 글 속에 등장하지 않는 사람은 누구일까요?**

> "형님, 쌀 한 말만 빌려주십시오. 아이들이 배가 고파 울고 있습니다."
> 흥부가 놀부의 집에 찾아와 간곡히 말했어요. 하지만 놀부는 들은 척도 하지 않고 호통을 쳤어요.
> "또 왔느냐? 네 이놈 꼴도 보기 싫다! 썩 물러가거라!"
> 놀부의 말이 떨어지기 무섭게 놀부의 부인이 밥을 푸던 주걱으로 흥부의 뺨을 때렸어요.

① 흥부　　　　② 흥부의 부인　　　　③ 놀부

금요일 눈 깜짝할 사이

눈을 한 번 깜빡할 정도의 매우 짧은 순간을 뜻하는 말이에요. 음식을 아주 짧은 순간에 먹어 치우는 모습은 '게 눈 감추듯'이라고 하지요.

표현력 '눈 깜짝할 사이' 어떻게 쓰일까요?

(1) 버스가 **눈 깜짝할 사이**에 지나가 버렸다.

(2) **눈 깜짝할 사이**에 주문한 음식이 나왔다.

 어휘력 관용 표현을 바르게 쓴 문장에 O, 틀리게 쓴 문장에 X 하세요.

(1) 오늘 본 영화는 너무 지루해서 두 시간이 눈 깜짝할 사이에 지나갔다. (   )

(2) 눈 깜짝할 사이에 봄이 지나고 여름이 왔다. (   )

 독해력 기사를 읽고 경기에 대해 잘못 말한 친구를 고르세요.

우리나라 축구 국가 대표 팀이 중국과의 경기에서 이겼습니다. 전반전은 1대1 동점으로 끝났지만 후반전이 시작되자마자 공격수 손흥민 선수가 빠르게 공을 몰고 나가 득점으로 연결시켰습니다. 눈 깜짝할 사이에 점수를 내어 준 중국 선수들이 당황한 사이, 황의조 선수가 추가 골을 넣어 최종 점수 3대1로 우리나라가 승리했습니다.

① 기수: 우리나라가 일본과 축구 경기를 했구나.

② 유리: 손흥민 선수와 황의조 선수가 골을 넣었네.

③ 대진: 전반전까지는 동점이었어.

쓰기 능력 키우기

선을 따라 글자를 쓰면서 배운 내용을 익히세요.

친구의 ∨ 생일을　| 까 | 맣 | 게 | ∨ | 잊 | 다 | .

나의 ∨ 잘못이 ∨ 드러나　| 꼬 | 리 | 를 | ∨ | 내 | 리 | 다 | .

질문이　| 꼬 | 리 | 에 | ∨ | 꼬 | 리 | 를 | ∨

| 물 | 다 | .

거들먹거리는 ∨ 모습이　| 꼴 | ∨ | 보 | 기 | ∨ | 싫 | 다 | .

시간이　| 눈 | ∨ | 깜 | 짝 | 할 | ∨ | 사 | 이 | 에

지나갔다.

50

쉬어 가는 페이지

관용 표현 공부하는 미로 찾기

강아지가 집을 찾고 있어요.
관용 표현을 알맞게 활용한 문장을 따라가면 집을 찾을 수 있대요.

	눈 깜짝할 사이에 주문한 음식이 나왔다.	선생님께 아부하는 모습이 꼴 보기 싫다.
이번에는 할 수 있다는 자신감이 생겨 꼬리를 내렸다.	친구가 착한 일을 한 것이 꼴 보기 싫어서 칭찬을 했다.	사건이 꼬리에 꼬리를 물고 일어났다.
배운 내용을 까맣게 잊어서 시험을 잘 봤다.	점심 약속을 빨갛게 잊어버렸다.	증거가 나오자 범인은 꼬리를 내렸다.
꼬리와 엉덩이를 물고 질문이 계속됐다.	너무 지루해서 시간이 눈 깜짝할 사이에 지나가 버렸다.	

월요일 눈 녹듯

사물의 모양이나 기분, 감정 등이 나도 모르게 사라지거나 사그라드는 모습을 표현한 말이에요. 보통 봄에 눈이 사르르 녹기 때문에 '봄 눈 녹듯'이라고 쓰기도 해요.

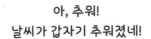

아, 추워!
날씨가 갑자기 추워졌네!

라미야, 너 겉옷 안 입고 나왔어?
이따가 낮에는 눈도 온다는데!

정말? 3월인데
눈이 온다고?

이 장갑 너 껴.

아, 추위가 눈 녹듯
사라지네! 레오야,
정말 고마워.

에헴,
나 좀 멋지지?

표현력 '눈 녹듯' 어떻게 쓰일까요?

(1) 시험을 보고 나니 긴장이 눈 녹듯 풀렸다.

(2) 선생님과 상담을 하고 걱정이 눈 녹듯 사라졌다.

 어휘력 밑줄 친 말과 비슷한 말에 O 하세요.

(1) 나와 동생 사이의 오해가 <u>눈 녹듯 풀렸다.</u>

= 나와 동생 사이의 오해가 (깊어졌다. / 사그라들었다.)

(2) 아이스크림을 입에 넣자마자 <u>눈 녹듯 사라졌다.</u>

= 아이스크림을 입에 넣자마자 (사르르 녹았다. / 꽁꽁 얼었다.)

 독해력 그림을 보고 바르게 말한 친구를 고르세요.

① 진영: 농구 선수가 관중들의 응원을 받으며 경기를 하고 있어.

② 현성: 비가 오는데도 야구 경기장에 사람들이 많이 모였네!

③ 정은: 이렇게 열렬한 응원을 받으면 긴장과 부담이 눈 녹듯 사라질 것 같아.

화요일

눈물이 마를 날 없다

흐른 눈물이 마를 새도 없이 계속해서 눈물이 난다는 말로, 매우 슬프다는 뜻이에요. '손이 마를 날 없다'는 말도 있는데, 일이 많아 매우 바쁘다는 뜻이에요.

표현력 '눈물이 마를 날 없다' 어떻게 쓰일까요?

(1) 오래 키우던 강아지를 잃어버린 후로 눈물이 마를 날 없다.

(2) 사랑하는 사람과 헤어진 후 눈물이 마를 날 없다.

 어휘력 둘 중 알맞은 말에 O 하세요.

(1) 드라마 주인공은 부모님을 잃고 (눈물이 / 콧물이) 마를 날 없었다.

(2) 할머니는 옛날 어려웠던 시절에 눈물이 (터질 날 / 마를 날) 없었다고 하셨다.

 독해력 이야기를 읽고 바르게 말한 친구를 고르세요.

"얘 콩쥐야, 이 항아리에 물을 가득 채워 놓아라."
"네, 어머니."
콩쥐는 우물에서 물을 길어다가 항아리에 부었어요. 그런데 항아리의 바닥에 큰 구멍이 있어 물이 그대로 흘러나왔지요.
"이 일을 어쩌지? 일을 다 해 놓지 않으면 어머니의 불호령이 떨어질 텐데."
콩쥐는 우물 앞에 앉아 눈물을 뚝뚝 흘렸어요.

① 현일: 콩쥐의 가슴이 탁 트였겠다.

② 주연: 콩쥐의 눈에 눈물이 마를 날 없구나.

③ 민찬: 콩쥐가 할 일을 까맣게 잊었네.

수요일　눈 호강을 하다

 아름답거나 보기 좋은 것들을 한꺼번에 또는 자주 보아 호화롭고 편안하게 지낸다는 말이에요. '입 호강을 하다'라는 표현도 있는데, 맛있고 좋은 음식을 먹어 입이 즐겁다는 뜻이지요.

표현력 '눈 호강을 하다' 어떻게 쓰일까요?

(1) 푸른 바다가 한눈에 내려다보이는 곳에서 눈 호강을 하는 여름 휴가를 보냈다.

(2) 몸을 아끼지 않고 연기한 배우들 덕분에 영화를 보는 내내 눈 호강을 했다.

 어휘력 관용 표현을 바르게 쓴 문장에 O, 틀리게 쓴 문장에 X 하세요.

(1) 비눗물이 떠내려와 오염된 강을 보며 눈 호강을 했다. (　　)

(2) 댄서들의 화려한 춤을 보며 눈 호강을 했다. (　　)

 독해력 편지를 읽고 O 안에 들어갈 말을 고르세요.

할머니께

할머니, 안녕하세요? 저 유빈이에요.

날씨가 더운데 몸 건강히 잘 지내시죠?

며칠 전에 할머니가 심어 주신 봉숭아 꽃이 피었어요.

빨갛고 예쁜 꽃을 보며 매일 눈 ○○을 하고 있답니다.

다음 주에 여름 방학을 하면 엄마 아빠와 함께 할머니 댁에 놀러 갈게요.

그때까지 안녕히 계세요.

2022년 8월 5일

유빈 올림

① 호강　　　　② 건강　　　　③ 운동

눈에 띄다

'발견하다' 또는 '어떤 것이 두드러지게 드러나다'라는 뜻이에요. '눈에 띠다'라고 잘못 적는 경우가 많은데, '띠다'는 어떤 색이나 성질 등을 가진다는 뜻이므로 맞춤법을 틀리지 않도록 주의하세요.

표현력　'눈에 띄다' 어떻게 쓰일까요?

(1) 올해 우리나라 경제는 **눈에 띄게** 성장했다.

(2) 바닥을 꼬물꼬물 기어가는 작은 곤충이 **눈에 띄었다**.

 어휘력　밑줄 친 말과 반대의 의미를 가진 말에 O 하세요.

(1) 나무 위에 앉은 까마귀가 <u>눈에 띄었다</u>.

　　↔ 나무 위에 앉은 까마귀가 (노래했다. ／ 보이지 않았다.)

(2) 찬수의 키는 <u>눈에 띄게</u> 크다. ↔ 찬수의 키는 (남들만큼 ／ 무럭무럭) 크다.

 독해력　설명서를 읽고 맞는 말에 O, 틀린 말에 X 하세요.

- 스마트폰과 연결해 조종하거나 청소 예약을 할 수 있습니다.
- 크기가 작아 눈에 띄지 않는 곳에 있는 먼지까지 구석구석 청소합니다.
- 기존 청소기보다 5배 이상 강력한 힘으로 먼지를 빨아들입니다.

(1) 크기가 작아서 눈에 띄지 않는 곳까지 구석구석 청소할 수 있어요. (　)

(2) 스마트폰과 연결되지 않는 점이 아쉬워요. (　)

(3) 기존 청소기보다 힘이 약해서 먼지를 잘 빨아들이지 못해요. (　)

금요일 눈이 멀다

마음을 빼앗겨 판단력을 잃었을 때 혹은 시력을 잃어 앞을 보지 못하게 되었을 때 쓰는 말이에요. '눈이 밝다'라는 말은 이와 반대로 '판단력이 뛰어나다' 또는 '시력이 좋다'는 뜻이에요.

표현력 '눈이 멀다' 어떻게 쓰일까요?

(1) 돈에 **눈이 멀어** 끔찍한 범죄를 저질렀다.

(2) 교통 사고로 한쪽 **눈이 멀었다.**

 어휘력 이어질 말을 찾아 줄로 연결하세요.

사랑에 눈이 멀어 •   • 앞을 볼 수 없었다.

심청이의 아버지는 눈이 멀어 •   • 아주 어린 나이에 결혼을 했다.

 독해력 친구와 대화한 내용을 읽고 빈칸에 들어갈 말을 고르세요.

> 진우야, 1반 준서 소식 들었어?

> 아니? 무슨 일 있어?

> 글짓기 대회에서 상을 탔는데
> 알고 보니 인터넷에 있는 내용을 베낀 거였대.

> 상을 타고 싶은 욕심에
> ☐

> 그러게. 안타까운 일이야.

① 꼬리에 꼬리를 물었네.   ② 눈이 멀었네.   ③ 가슴이 탁 트였네.

쓰기 능력 키우기

선을 따라 글자를 쓰면서 배운 내용을 익히세요.

걱정이 | 눈 | ∨ | 녹 | 듯 | 사라지다.

사랑하는 ∨ 사람과 ∨ 헤어진 후 | 눈 | 물 | 이 | ∨ | 마 | 를 | ∨

날 | ∨ | 없 | 다 | .

아름다운 ∨ 꽃을 ∨ 보며 | 눈 | ∨ | 호 | 강 | 을 | ∨

했 | 다 | .

성민이는 ∨ 키가 | 눈 | 에 | ∨ | 띄 | 게 | 크다.

돈에 | 눈 | 이 | ∨ | 멀 | 어 | 죄를 ∨ 저질렀다.

관용 표현 익히는 가로세로 낱말 퍼즐

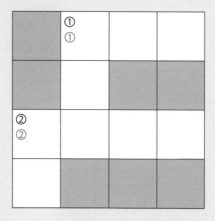

가로 열쇠

① 기분, 감정 등이 나도 모르게 사그라들다.

(예) 섭섭한 마음이 ○ ○○ 사라지다.

② 마음을 빼앗겨 판단력을 잃다.

(예) 이익에 ○○ ○○

세로 열쇠

① 매우 슬프다.

(예) 할머니가 돌아가신 뒤 ○○○ 마를 날 없다.

② 어떤 것이 두드러지게 드러나다.

(예) 경제가 ○○ 띄게 성장하다.

눈이 번쩍 뜨이다

월요일

'갑자기 정신이 든다'는 뜻이에요. '눈이 화등잔만 해지다'라는 비슷한 말도 있는데, 깜짝 놀라 정신이 번쩍 들어서 혹은 두려워서 눈을 동그랗게 뜬 모습을 나타낸 말이지요. '화등잔'이란 기름을 담아 불을 켜는 그릇인데, 화등잔에 켠 불은 크고 동그란 모양이었다고 해요.

뭉식이 어제 늦게까지 안 자고 핸드폰 게임하더니, 피곤한가 봐.

쉬는 시간이니 자게 두자, 몽!

얘들아, 간식 먹자. 내가 크림빵 가져왔어.

이야, 맛있겠다!

크림이 꽉 찼네~.

크림빵? 어디? 나도 먹을래!

나 몰래 이 맛있는 걸 먹다니! 내 최애 음식이 크림빵이라고! 자다가도 눈이 번쩍 뜨일 만큼 좋아한단 말이야!

뭉식이 자는 거 아니었냐, 몽?

어휴, 간 떨어질 뻔했네!

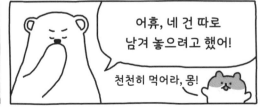

어휴, 네 건 따로 남겨 놓으려고 했어!

천천히 먹어라, 몽!

표현력 '눈이 번쩍 뜨이다' 어떻게 쓰일까요?

(1) 선생님이 오시자 졸려서 감기려던 눈이 **번쩍 떠졌다.**

(2) 복권 당첨금은 눈이 **번쩍 뜨일** 만큼 큰돈이다.

 어휘력 둘 중 알맞은 말에 O 하세요.

(1) 시험 시간의 끝을 알리는 종소리에 (코가 / 눈이) 번쩍 뜨였다.

(2) 칠판에 적힌 내 이름을 보고 눈이 (살짝 / 번쩍) 뜨였다.

 독해력 이야기를 읽고 바르게 말한 친구를 고르세요.

살인 사건 현장을 살펴보던 명탐정 홈즈가 책상 앞에 멈춰 섰어요.
"탐정님의 눈이 번쩍 뜨인 것을 보니, 범인이 책상 위에 흔적을 남겼나 보군!"
사람들이 홈즈의 곁으로 우르르 달려갔어요. 책상 위에는 붉은색의 짧은 머리카락
이 떨어져 있었어요. 홈즈는 장갑 낀 손으로 머리카락을 조심스레 집어 봉투에 담으
며 말했어요.
"잘 보관하게. 사건을 해결하는 데 중요한 열쇠가 될 거야."

① 수현: 홈즈는 범인의 흔적을 보고 눈이 번쩍 뜨였어.

② 예지: 명탐정 홈즈가 도둑을 잡으러 갔어.

③ 선권: 홈즈는 머리카락을 집어서 휴지통에 버렸어.

화요일

눈이 빠지게

 간절한 마음으로 애타게 오랫동안 기다리는 모습을 나타낸 말이에요. 꾸지람 당할 때는 '몹시 호되게'라는 뜻도 가져요. '목이 빠지게'도 몹시 애타게 오랫동안 기다리는 모습을 나타내는 말이에요.

표현력 '눈이 빠지게' 어떻게 쓰일까요?

(1) 전학 간 친구의 소식을 눈이 **빠지게** 기다린다.

(2) 말 한번 잘못했다가 눈이 **빠지게** 혼났다.

 어휘력 밑줄 친 말과 비슷한 말에 O 하세요.

(1) 택배를 <u>눈이 **빠지게**</u> 기다리다.

  = 택배를 (설렁설렁 / 애타게) 기다리다.

(2) 친구를 때려서 선생님께 <u>눈이 **빠지게**</u> 혼났다.

  = 친구를 때려서 선생님께 (호되게 / 살짝) 혼났다.

 독해력 대화를 읽고 빈칸에 알맞은 말을 고르세요.

가은: 오빠, 어디 갔다가 이제 와?

나루: 친구들이랑 축구하고 왔어. 무슨 일 있어?

가은: 오늘 오빠 생일이잖아! 다들

나루: 아, 오늘이 내 생일이었네?

① 간 떨어지게 기다렸어.

② 가슴이 철렁하게 기다렸어.

③ 눈이 빠지게 기다렸어.

동에 번쩍 서에 번쩍

동쪽에 번쩍 나났다가 금방 서쪽에 번쩍 나타나는 모습을 표현한 말로, 예고 없이 이곳저곳에 출몰한다는 뜻이에요. '동해 번쩍 서해 번쩍'이라고 잘못 쓰는 경우가 많은데, 맞춤법에 틀리지 않도록 주의하세요.

표현력 '동에 번쩍 서에 번쩍' 어떻게 쓰일까요?

(1) 서연이는 동에 번쩍 서에 번쩍 하며 심부름을 척척 해냈다.

(2) 병사들이 동에 번쩍 서에 번쩍 하며 적군을 물리쳤다.

 어휘력 관용 표현을 바르게 쓴 문장에 O, 틀리게 쓴 문장에 X 하세요.

(1) 시우는 감기에 걸려서 주말 내내 동에 번쩍 서에 번쩍 침대에만 누워 있었다. (   )

(2) 축구 선수가 운동장을 동에 번쩍 서에 번쩍 누비며 경기를 한다. (   )

 독해력 O 안에 들어갈 말로 바르게 짝지은 것을 고르세요.

'신출귀몰'은 '귀신처럼 나타났다가 귀신처럼 사라진다.'는 뜻의 고사성어예요. 자유
자재로 나타났다가 사라져서 움직임을 예측할 수 없을 때 쓰는 말이지요. 'OO 번쩍
OO 번쩍'이라는 관용 표현과 같은 뜻이에요.

① 남에, 북에

② 동에, 서에

③ 땅에, 물에

목요일

똥 마려운 것처럼

 불안하고 초조해서 안절부절못하는 모습 혹은 급하게 행동하는 모습을 표현한 말이에요. 비슷한 뜻을 가진 관용 표현으로 '속이 타다'가 있는데, 걱정이 있어서 마음이 불안하고 안타깝다는 뜻이에요.

표현력 '똥 마려운 것처럼' 어떻게 쓰일까요?

(1) 할아버지의 호통에 **똥 마려운 사람처럼** 쭈뼛쭈뼛했다.

(2) 민서가 **똥 마려운 것처럼** 교무실 앞을 서성인다.

 어휘력 둘 중 알맞은 말에 O 하세요.

(1) 마지막 버스 시간이 다가와 똥 마려운 것처럼 마음이 (조급해 / 느긋해)졌다.

(2) 거짓말을 하고 양심에 찔려서 (똥 마려운 / 똥을 눈) 사람처럼 안절부절못했다.

 독해력 사자성어 '좌불안석'을 잘못 사용한 친구를 고르세요.

'좌불안석'은 '불안하고 초조해서 한자리에 오래 앉아 있지 못한다.'는 뜻의 사자성어예요. 관용 표현 '똥 마려운 것처럼'과 같은 뜻이지요.

① 민찬: 오늘 수학 숙제를 다 하지 못해서 좌불안석했어.

② 재윤: 새로 산 옷이 마음에 들어서 좌불안석했어.

③ 서아: 비가 오는데 우산을 가지고 오지 않아 좌불안석했어.

금요일 마른침을 삼키다

 몹시 긴장하거나 초조해 하는 모습을 나타내는 말이에요. '마른침'이란 긴장이 될 때 나도 모르게 삼키는 적은 양의 침을 말해요.

표현력 '마른침을 삼키다' 어떻게 쓰일까요?

(1) 애가 탄 민규는 자꾸만 **마른침을 삼켰다.**

(2) 달리기 출발선에 서서 **마른침을 삼켰다.**

 어휘력 이어질 말을 찾아 줄로 연결하세요.

지연이는 깜짝 놀라   •   • 마른침을 삼켰다.

연우가 마른침을 삼키며 •   • 초조함을 달랬다.

 독해력 운동 경기를 중계하는 내용을 읽고 어떤 종목인지 고르세요.

관중들의 환호를 받으며 김민수 선수가 방망이를 들고 나옵니다. 김 선수는 어제 3점 홈런을 쳐서 팀을 승리로 이끌었는데요, 오늘도 활약이 기대됩니다.
김민수 선수가 긴장이 되는지 마른침을 삼키고 있군요.

① 피겨 스케이팅

② 수영

③ 야구

쓰기 능력 키우기

선을 따라 글자를 쓰면서 배운 내용을 익히세요.

아침이 ∨ 되니 | 눈 | 이 | ∨ | 번 | 쩍 | ∨ | 뜨였다.

친구의 ∨ 전화를 | 눈 | 이 | ∨ | 빠 | 지 | 게 | 기다렸다.

운동장을 | 동 | 에 | ∨ | 번 | 쩍 | ∨ |

| 서 | 에 | ∨ | 번 | 쩍 | 누비다.

| 뚱 | ∨ | 마 | 려 | 운 | ∨ | 것 | 처 | 럼 | 쭈뼛쭈뼛한다.

긴장이 ∨ 되어 | 마 | 른 | 침 | 을 | ∨ | 삼 | 켰 | 다 | . |

74

쉬어 가는 페이지

관용 표현 익히는 사타리 타기 게임

관용 표현을 잘못 활용한 번호에 모두 ○ 하세요.

단서를 발견한 경찰의	친구와 싸워서	지율이는 동에 번쩍	민지가 똥 마려운 것처럼	민규는 애가 타서
①	②	③	④	⑤

안절부절 못한다.	서에 번쩍 하며 심부름을 했다.	마른침을 삼켰다.	눈이 빠지게 혼났다.	눈이 번쩍 뜨였다.

월요일 마음에 새기다

 잊지 않게 단단히 마음에 기억한다는 뜻이에요. '가슴에 새기다'도 같은 뜻이지요.

표현력 '마음에 새기다' 어떻게 쓰일까요?

(1) 선생님이 하신 말씀을 마음에 새기고 달리기 대회에 나갔다.

(2) 작은 실수를 마음에 깊이 새길 필요는 없다.

 어휘력 밑줄 친 말과 비슷한 말에 O 하세요.

(1) 책에서 본 이순신 장군의 말씀을 <u>마음에 새기다.</u>

= 책에서 본 이순신 장군의 말씀을 (엉덩이에 / 가슴에) 새기다.

(2) 산 위에서 본 아름다운 풍경을 <u>마음에 새겼다.</u>

= 산 위에서 본 아름다운 풍경을 마음에 (담았다. / 먹었다.)

 **독해력** 연설문을 읽고 맞는 말에는 O, 틀린 말에는 X 하세요.

오늘 이 자리에 모인 여러분은 의사로서 병원에서 환자를 만나 치료를 시작하게 될 것입니다. 의사가 갖추어야 할 희생 정신과 봉사 정신을 마음에 새기고 의료 현장에서 정성을 다해 환자를 보살피길 바랍니다.

(1) 의사는 희생 정신과 봉사 정신을 마음에 새겨야 해요. (   )

(2) 미래의 요리사들에게 당부하는 말이에요. (   )

(3) 의사는 병원에서 환자를 치료하는 사람이에요. (   )

화요일

머리를 맞대다

둘 이상의 사람이 함께 모여 어떤 일을 결정하거나 의논한다는 뜻이에요.
'머리를 모으다', '무릎을 맞대다'도 같은 말이지요.

표현력 '머리를 맞대다' 어떻게 쓰일까요?

(1) 어려운 수학 문제를 풀기 위해 친구들과 **머리를 맞댔다.**

(2) 남한과 북한의 대표가 통일 문제를 논의하기 위해 **머리를 맞대다.**

 어휘력 둘 중 알맞은 말에 O 하세요.

(1) 쓰레기를 줄이기 위해 지역 주민들이 (머리를 / 등을) 맞대다.

(2) 서로 머리를 (말리고 / 맞대고) 오랫동안 고민해도 답을 찾을 수 없었다.

 독해력 오늘 점심시간에 내가 친구들과 한 놀이가 무엇인지 고르세요.

오늘 점심시간에 나는 지우, 은서, 현우와 2대2로 편을 나누어 5개의 공기알을 던지고 받으며 하는 전통 놀이를 했다. 나와 지우가 한편, 은서와 현우가 한편이 되었다. 은서는 우리 반에서 이 놀이를 제일 잘하기 때문에 나와 지우는 머리를 맞대고 이기기 위한 작전을 짰다.

① 피구   ② 공기놀이   ③ 연날리기

머릿속이 까매지다

 당황해서 아무 생각도 나지 않는 상황을 말해요. '머릿속이 하얘지다', '머릿속이 텅 비다'라고 표현하기도 해요.

하이?

!!

아, 아임 쏘리~!

유미야, 안녕?

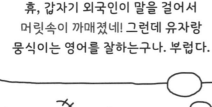

휴, 갑자기 외국인이 말을 걸어서 머릿속이 까매졌네! 그런데 유자랑 뭉식이는 영어를 잘하는구나. 부럽다.

보리 너 왜 도망갔어?

나는 영어에 자신이 없어서….

쟤 외국인 아니야. 엄마가 외국인이긴 하지만 우리나라에서 태어난 한국인이라고~.

진짜? 괜히 긴장했네!

표현력 '머릿속이 까매지다' 어떻게 쓰일까요?

(1) 선생님이 갑자기 질문을 하셔서 **머릿속이 까매졌다.**

(2) 무대에 오르니 긴장이 되어 **머릿속이 까매졌다.**

 어휘력 밑줄 친 말과 비슷한 말에 O 하세요.

(1) **머릿속이 까매져서** 아무 말도 할 수 없었다.

　　= 머릿속이 (텅 비어서 / 가려워서) 아무 말도 할 수 없었다.

(2) 할머니가 병원에 입원하셨다는 소식에 **머릿속이 까매졌다.**

　　= 할머니가 병원에 입원하셨다는 소식에 (머릿속이 / 손바닥이) 하얘졌다.

 독해력 그림을 보고 상황을 바르게 설명한 친구를 고르세요.

① 준우: 친구가 칠판 앞에서 영어 문제를 풀고 있어.

② 도연: 수학 문제가 너무 어려워서 머릿속이 까매졌을 것 같아.

③ 한조: 어려운 수학 문제도 척척 푸는 것을 보니 수학을 좋아하는 친구인가 봐.

목요일 바늘방석에 앉은 듯

 마음이 불편하고 불안한 상태를 나타내는 말이에요. '가시방석에 앉은 듯'도 같은 뜻의 말이에요.

표현력 '바늘방석에 앉은 듯' 어떻게 쓰일까요?

(1) 친구에게 거짓말을 했더니 **바늘방석에 앉은 듯** 마음이 편하지 않았다.

(2) 돈을 잃어버려서 **바늘방석에 앉은 듯** 안절부절못했다.

 어휘력 이어질 말을 찾아 줄로 연결하세요.

잠에서 깬 아기가 울음을 그치지 않아 •　　　　　　• 소화가 잘되지 않는다.

바늘방석에 앉은 듯 불편하게 밥을 먹었더니 •　　　• 바늘방석에 앉은 듯했다.

 독해력 친구와 대화한 내용을 읽고 O 안에 들어갈 말로 틀린 것을 고르세요.

> 하린아, 어쩌지? 큰일 났어.

> 무슨 일이야?

> 청소를 하다가 오빠가 아끼는 컵을 깨트렸어.

> 정말? 어떡해!

> 오빠가 오면 화낼 텐데, ○○방석에 앉은 듯 불안해.

> 너무 걱정 마. 별일 없을 거야.

① 가시　　　　② 바늘　　　　③ 구름

금요일 # 발이 넓다

 친한 사람과 아는 사람이 많아서 활동 범위가 넓다는 뜻이에요. 반대말은 '발이 좁다'이지요.

표현력 '발이 넓다' 어떻게 쓰일까요?

(1) 하진이는 학교에 모르는 사람이 없을 정도로 **발이 넓다.**

(2) **발이 넓은** 영지가 꼭 필요한 사람을 소개해 주었다.

 어휘력 밑줄 친 말과 반대의 의미를 가진 말에 O 하세요.

(1) 승우는 <u>발이 넓어서</u> 친구가 많다.

    ↔ 승우는 (발이 길어서 / 발이 좁아서) 친구가 별로 없다.

(2) 이모는 <u>발이 넓어서</u> 결혼식에 친구들이 아주 많이 왔다.

    ↔ 이모는 (아는 사람이 별로 없어서 / 바빠서) 결혼식에 친구가 많이 오지 않았다.

 독해력 글을 읽고 주아의 장점을 나타낸 관용 표현을 고르세요.

> 내 친구 한주아는 운동을 좋아하고 명랑한 성격을 가지고 있습니다. 그래서인지 아는 사람이 정말 많아요. 우리 학교뿐 아니라 옆 학교 아이들과도 친하게 지냅니다. 나는 친구가 많은 주아가 참 부러워요.

① 고래등 같다

② 발이 넓다

③ 간이 크다

쓰기 능력 키우기

선을 따라 글자를 쓰면서 배운 내용을 익히세요.

선생님 ∨ 말씀을 | 마 | 음 | 에 | ∨ | 새 | 기 | 다 | . |

어려운 ∨ 문제를 ∨ 풀기 ∨ 위해 ∨ 여럿이 | 머 | 리 | 를 | ∨ |

| 맞 | 대 | 다 | . |

긴장이 ∨ 되어 | 머 | 릿 | 속 | 이 | ∨ | 까 | 매 | 지 | 다 | . |

거짓말을 ∨ 했더니 | 바 | 늘 | 방 | 석 | 에 | ∨ |

| 앉 | 은 | ∨ | 듯 | 불편했다.

승우는 ∨ 모르는 ∨ 사람이 ∨ 없을 ∨ 정도로 | 발 | 이 | ∨ | 넓 | 다 | . |

쉬어 가는 페이지

관용 표현 공부하는 미로 찾기

토끼가 당근을 찾고 있어요.
관용 표현을 알맞게 활용한 문장을 따라가면 당근을 먹을 수 있대요.

	시험공부를 열심히 했더니 머릿속이 까매져서 어려운 문제도 잘 풀 수 있었다.	준비물을 안 가져와서 비단 방석에 앉은 듯 불안하다.
여행을 하며 본 아름다운 풍경을 마음에 새기다.	전쟁터에서 군인들이 머리를 맞대고 작전을 세운다.	갑자기 질문을 받아 머릿속이 까매졌다.
식물을 관찰하기 위해 뿔뿔이 흩어져 머리를 맞대다.	나를 사랑해 주시는 할머니와 함께 있으면 바늘방석에 앉은 듯하다.	발이 넓은 우주가 새 친구를 소개해 주었다.
책에서 본 감동적인 문장을 마음에 새겼다.	서우는 손이 넓어서 친구가 아주 많다.	

월요일 벌 떼 같다

무리 지어 다니는 벌들처럼 사람들이 한꺼번에 모여든 모습을 나타낸 말이에요. 벌처럼 무리 지어 다니는 습성이 있는 개미에 비유해 '개미 떼 같다'고 말하기도 해요.

표현력 '벌 떼 같다' 어떻게 쓰일까요?

(1) 정치인의 부정부패가 드러나 시민들이 **벌 떼 같이** 일어났다.

(2) 축구 골대 앞에 수비수들이 **벌 떼 같이** 몰려 있다.

 어휘력 둘 중 알맞은 말에 O 하세요.

(1) 새로 문을 연 과일 가게에 사람들이 (벌 떼 같이 / 눈이 빠지게) 모였다.

(2) 교통 사고가 난 곳에 사람들이 (눈 녹듯이 / 벌 떼 같이) 모여들었다.

 독해력 사진을 보고 상황을 바르게 설명한 친구를 고르세요.

① 하람: 동에 번쩍 서에 번쩍 하네!

② 태현: 어휴, 깜짝이야. 간 떨어지는 줄 알았네!

③ 채아: 사람들이 벌 떼 같이 모여 있네. 무슨 일이지?

손꼽아 기다리다

 기대에 차 있거나 안타까운 마음으로 날짜를 꼽으며 간절히 기다린다는 뜻이에요. '목이 빠지게 기다리다'도 비슷한 뜻의 말이지요.

표현력 '손꼽아 기다리다' 어떻게 쓰일까요?

(1) 씨앗을 뿌리고 싹이 트기를 손꼽아 기다렸다.

(2) 우리 가족은 동생이 태어날 날을 손꼽아 기다린다.

 어휘력 관용 표현을 바르게 쓴 문장에 O, 틀리게 쓴 문장에 X 하세요.

(1) 나는 용돈을 받을 날을 손꼽아 기다렸다. (　　　)

(2) 할아버지는 통일이 될 날을 까맣게 기다리신다. (　　　)

 독해력 기사를 읽고 잘못 말한 친구를 고르세요.

> 전 세계인이 손꼽아 기다리는 축제, 33회 하계 올림픽 대회가 프랑스 파리에서 2024년 7월 26일에 열립니다. 파리는 1924년에 8회 하계 올림픽 대회를 개최한 이후 100년 만에 또 한 번 올림픽을 여는 도시가 되었습니다.

① 성하: 프랑스 파리에서 2024년 7월 26일에 하계 올림픽 대회가 열려.

② 한경: 파리는 처음으로 올림픽을 개최하는 도시야.

③ 나리: 올림픽 대회는 전 세계 사람들이 손꼽아 기다리는 축제야.

수요일 손발이 맞다

마음이나 의견, 행동 방식이 서로 잘 맞아서 함께 일을 하기 편하다는 뜻이에요. '호흡이 맞다'도 같은 뜻이에요.

표현력 '손발이 맞다' 어떻게 쓰일까요?

(1) 나와 동생은 장난칠 때 손발이 잘 맞는다.

(2) 오래 같이 일한 사람들은 말하지 않아도 손발이 척척 맞는다.

 어휘력 밑줄 친 말과 비슷한 말에 O 하세요.

(1) 우리 팀은 연습을 많이 해서 <u>손발이 맞는다.</u>

= 우리 팀은 연습을 많이 해서 (호흡이 / 어깨가) 맞는다.

(2) 엄마와 아빠의 <u>손발이 맞아</u> 집이 화목하다.

= 엄마와 아빠의 (시간이 / 마음이) 맞아 집이 화목하다.

 독해력 대화를 읽고 O 안에 들어갈 말을 고르세요.

'도둑질도 ○○이 맞아야 한다.'는 속담이 있어. 무슨 일이든, 심지어 도둑질도 서로 뜻이 맞아야 이루어질 수 있다는 말이야.

① 손발 　　　 ② 코눈 　　　 ③ 귀입

목요일 숨을 죽이다

숨을 쉬는 소리도 들리지 않을 정도로 조용히 하다, 또는 숨 쉬기도 잊을 정도로 긴장하거나 놀라다는 뜻이에요. '숨을 멈추다'도 같은 뜻을 가진 말이에요.

표현력 '숨을 죽이다' 어떻게 쓰일까요?

(1) 적에게 들키지 않기 위해 납작 엎드린 채 **숨을 죽였다.**

(2) 우리는 **숨을 죽이고** 선생님 말씀에 집중했다.

 어휘력 이어질 말을 찾아 줄로 연결하세요.

숲 속의 새들도 숨을 죽인 •   • 고요한 밤이었다.

중요한 발표가 있다는 소식에 •   • 모두 숨을 죽이고 기다렸다.

 독해력 경기 중계를 읽고 맞는 말에는 O, 틀린 말에는 X 하세요.

> 양궁 경기장에 있는 관중들이 모두 숨을 죽이고 경기를 지켜보는 가운데, 안산 선수가 다음 화살을 쏠 준비를 하고 있습니다. 이번에 8점만 쏴도 금메달을 딸 수 있습니다.

(1) 양궁 경기를 중계하고 있어요. (　　)

(2) 선수가 8점을 쏘면 금메달을 딸 수 있어요. (　　)

(3) 관중들이 시끄럽게 응원을 하고 있어요. (　　)

금요일

시치미를 떼다

 자기가 한 일을 하지 않았다고 하거나 알면서도 모르는 체한다는 뜻이에요. '오리발 내밀다'도 같은 뜻을 가진 말이에요.

표현력 '시치미 떼다' 어떻게 쓰일까요?

(1) 범인은 아무것도 모른다는 표정으로 **시치미를 뗐다.**

(2) 꼬마가 천연덕스럽게 **시치미를 떼는** 모습을 보고 할 말을 잃었다.

 어휘력 다음 문장에서 관용 표현이 잘못 쓰인 부분에 X 하고 바로잡으세요.

(1) 성민이는 내 가방을 숨겨 놓고 모르는 척 시치미를 먹었다. ⬚

(2) 철석같이 약속을 하고서 기억나지 않는다며 팔꿈치를 뗐다. ⬚

 독해력 대화를 읽고 바르게 말한 친구를 고르세요.

> 지우: 선생님, '시치미를 떼다'라는 말에서 '시치미'가 뭐예요?
> 선생님: 매의 주인을 밝히기 위해 주소를 적어 매의 꽁지 속에 넣어 둔 것을 말해.
>   그런 시치미를 몰래 떼 버리고 모른 척하면 어떻게 될까?
> 지우: 주인이 화가 나겠네요! 그런데 하늘에 날아다니는 매의 주인이 있어요?
> 선생님: 옛날에는 사냥을 하기 위해 매를 키우는 사람들이 있었단다.

① 율이: 시치미는 매의 주인을 밝히기 위해 꽁지 속에 넣어 둔 것이야.

② 다인: 시치미를 떼면 주인이 기뻐할 거야.

③ 재윤: 옛날 사람들은 매를 키우지 않았어.

쓰기 능력 키우기

선을 따라 글자를 쓰면서 배운 내용을 익히세요.

과일 ∨ 가게 ∨ 앞에 ∨ 사람들이 | 벌 | ∨ | 떼 | ∨ | 같 | 이 | 모였다.

용돈 ∨ 받을 ∨ 날을 | 손 | 꼽 | 아 | ∨ | 기 | 다 | 리 | 다 | . |

나와 ∨ 동생은 ∨ 장난칠 때 | 손 | 발 | 이 | ∨ | 잘 | ∨ |

| 맞 | 는 | 다 | . |

| 숨 | 을 | ∨ | 죽 | 이 | 고 | 선생님 ∨ 말씀에 ∨ 집중했다.

범인이 | 시 | 치 | 미 | 를 | ∨ | 떼 | 다 | . |

쉬어 가는 페이지

관용 표현 익히는 가로세로 낱말 퍼즐

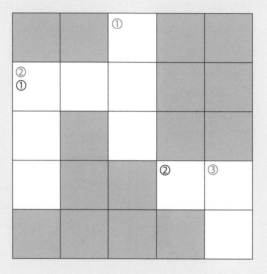

가로 열쇠

① 서로 마음이 잘 맞아서 함께 일을 하기 편하다.

(예) ○○○ 맞다.

② 사람들이 한꺼번에 모여든 모습.

(예) 손님이 ○ ○ 같이 몰려들다.

세로 열쇠

① 숨 쉬는 소리도 들리지 않을 정도로 조용히 하다.

(예) 납작 엎드린 채 숨을 ○○○.

② 기대에 찬 마음으로 날짜를 꼽으며 간절히 기다리다.

(예) 여름 방학을 ○○○ 기다리다.

③ 자기가 한 일을 하지 않았다고 하거나 알면서도 모르는 체하다.

(예) 범인이 모르는 척 시치미를 ○○.

월요일 쏜살같다

쏜 화살과 같이 매우 빠르다는 뜻이에요. '바람 같다', '번개 같다', '총알 같다' 모두 매우 빠르다는 뜻을 가진 관용 표현이지요.

표현력 '쏜살같다' 어떻게 쓰일까요?

(1) 기차가 선로를 **쏜살같이** 달린다.

(2) 친구들과 놀다 보니 점심시간이 **쏜살같이** 지나갔다.

 어휘력 이어질 말을 찾아 줄로 연결하세요.

비행기가 머리 위로 •　　　　　　　• 쏜살같이 도망쳤다.

사슴이 사자를 피해 •　　　　　　　• 쏜살같이 날아갔다.

 독해력 편지를 읽고 O 안에 들어갈 말을 고르세요.

> **사랑하는 내 딸 수아에게**
> 수아야, 너의 열 번째 생일을 축하한다. 네가 갓난아기였을 때가 엊그제 같은데 벌써 열 살이라니 세월이 ○○같구나. 지금처럼 밝고 건강한 모습으로 즐겁게 생활하렴. 아빠는 언제나 수아 편이야.
>
> 수아의 열 번째 생일에
> 아빠가

① 모기　　　　　② 쏜살　　　　　③ 사과

화요일 이를 악물다

아주 어렵거나 힘든 상황을 애써 견디다, 힘들어도 꼭 참는다는 뜻이에요. '어금니를 꽉 물다'도 같은 뜻이에요.

야호! 10개 성공!

레오는 턱걸이를 잘하는구나~!

으으으!

하나!

와, 라미가 해냈다!!!

이를 악물고 연습하더니 결국 해내네!

라미의 끈기를 칭찬한다, 몽!

표현력 '이를 악물다' 어떻게 쓰일까요?

(1) 경기에서 다리를 다친 선수가 고통을 참느라 **이를 악물었다.**

(2) 너무 졸려서 눈꺼풀이 내려왔지만 **이를 악물고** 견뎠다.

 어휘력 밑줄 친 말과 비슷한 말에 O 하세요.

(1) **이를 악물고** 연습하더니 결국 해내는구나!

= (눈을 크게 뜨고 / 어금니를 꽉 물고) 연습하더니 결국 해내는구나!

(2) 집을 마련하기 위해 **힘들어도 꾹 참고** 열심히 돈을 모았다.

= 집을 마련하기 위해 (이를 악물고 / 숨을 죽이고) 열심히 돈을 모았다.

 독해력 짧은 글을 읽고 관용 표현을 잘못 활용한 친구를 고르세요.

> 안중근 의사는 일제 강점기에 나라의 독립을 위해 싸운 사람이에요. 그는 1909년 중국 하얼빈에서 일본의 관료 이토 히로부미를 사살했지요. 이 일로 안중근 의사는 일본군에 잡혀가 모진 심문과 고문을 받았고, 사형까지 선고되었어요. 하지만 세상을 떠나는 날까지 독립에 대한 뜻을 굽히지 않았습니다.

① 시후: 안중근 의사는 독립을 위해 이를 악물었어.

② 은찬: 안중근 의사의 애국심을 마음에 새겨야지.

③ 수민: 안중근 의사와 일본군은 손발이 잘 맞네.

수요일 이마를 치다

몹시 놀랍거나 기쁜 일이 있을 때, 좋은 일이 떠올랐을 때 크게 감탄하는 모습을 나타내는 말이에요. '무릎을 탁 치다'도 같은 뜻이에요.

표현력 '이마를 치다' 어떻게 쓰일까요?

(1) 조용히 있던 지안이가 멋진 생각이 났는지 **이마를 쳤다.**

(2) 아빠가 **이마를 치며** 엄마의 말에 맞장구를 치셨다.

 어휘력 밑줄 친 말과 비슷한 말에 O 하세요.

주은이가 이마를 치며   •   • 저절로 이마를 치게 된다.

소리가 문제를 해결하는 모습을 보면 •   • "바로 그거야!"라고 외쳤다.

 독해력 글에서 설명하는 물건을 고르세요.

나막신은 옛날 사람들이 비가 오는 날 신던 신발이에요. 나무로 만들었고, 높은 굽이 있어 나막신을 신으면 비가 와도 물에 발이 젖지 않았대요. 자연에서 구할 수 있는 재료로 훌륭한 신발을 만들어 신은 우리 조상들의 지혜에 이마를 치게 됩니다.

②

③

목요일

이야기꽃을 피우다

이야기가 한창 즐겁고 재미있게 진행되는 모습을 나타내는 말이에요.
'웃음꽃을 피우다'라는 말도 있는데, 꽃이 피어나듯 즐겁게 웃는 모습을
나타낸 말이지요.

표현력 '이야기꽃을 피우다' 어떻게 쓰일까요?

(1) 모내기를 마친 농부들이 새참을 먹으며 **이야기꽃을 피우고** 있다.

(2) 식구들이 오순도순 모여 앉아 **이야기꽃을 피우며** 저녁을 먹었다.

 어휘력 둘 중 알맞은 말에 O 하세요.

(1) 소풍 가서 있었던 일로 (이야기꽃을 / 연기를) 피웠다.

(2) 3년 만에 만난 은호와 시간 가는 줄 모르고 이야기꽃을 (심었다. / 피웠다.)

 독해력 글을 읽고 추석날 하는 일이 아닌 것을 고르세요.

우리나라의 명절인 추석은 음력 8월 15일입니다. 추석날에는 둥근 달을 보며 소원을 빌고, 가족들이 모여 송편도 빚습니다. 오랜만에 만나는 친척들과 맛있는 음식을 먹고 이야기꽃도 피우는 추석을 나는 참 좋아합니다.

① 송편 빚기　　　② 소원 빌기　　　③ 널뛰기

금요일 입을 모으다

여러 사람이 같은 의견을 말한다는 뜻이에요. 여러 사람이 같은 생각을 이야기한다는 의미를 가진 '한목소리를 내다'도 비슷한 말이지요.

표현력 '입을 모으다' 어떻게 쓰일까요?

(1) 의사들은 무리한 다이어트가 건강을 망친다고 **입을 모아** 이야기한다.

(2) 반 친구들 모두가 율이의 선행을 **입을 모아** 칭찬했다.

 어휘력 관용 표현을 바르게 쓴 문장에 O, 틀리게 쓴 문장에 X 하세요.

(1) 여기는 사람들이 발을 모아 추천하는 우리 동네 최고의 맛집이다. (　　　)

(2) 학생들은 수학 시험이 가장 어려웠다고 입을 모았다. (　　　)

 **독해력** 기사를 읽고 바이러스 예방을 위해 지켜야 할 일이 무엇인지 고르세요.

코로나19 바이러스가 잦아들면서 실내에서 마스크를 쓰지 않는 사람들이 늘고 있습니다. 전문가들은 "매일 신규 확진자가 5,000명 이상 발생하는 상황이니 실내에서 마스크를 꼭 착용해 달라."고 당부하며 "방심하는 순간 유행은 다시 찾아올 것."이라고 입을 모았습니다.

① 야외에서 모자 쓰기

② 실내에서 마스크 쓰기

③ 정리 정돈 잘하기

쓰기 능력 키우기

선을 따라 글자를 쓰면서 배운 내용을 익히세요.

기차가 ∨ 선로를 | 쏜 | 살 | 같 | 이 | 달린다.

고통을 ∨ 참느라 | 이 | 를 | ∨ | 악 | 물 | 었 | 다 | . |

좋은 ∨ 생각이 ∨ 떠올라 | 이 | 마 | 를 | ∨ | 치 | 다 | . |

저녁밥을 ∨ 먹으며 ∨ 가족들과 | 이 | 야 | 기 | 꽃 | 을 | ∨ |

| 피 | 우 | 다 | . |

착한 ∨ 일을 ∨ 한 ∨ 은정이를 | 입 | 을 | ∨ | 모 | 아 | 칭찬했다.

관용 표현 익히는 사다리 타기 게임

관용 표현을 잘못 활용한 번호에 모두 ○ 하세요.

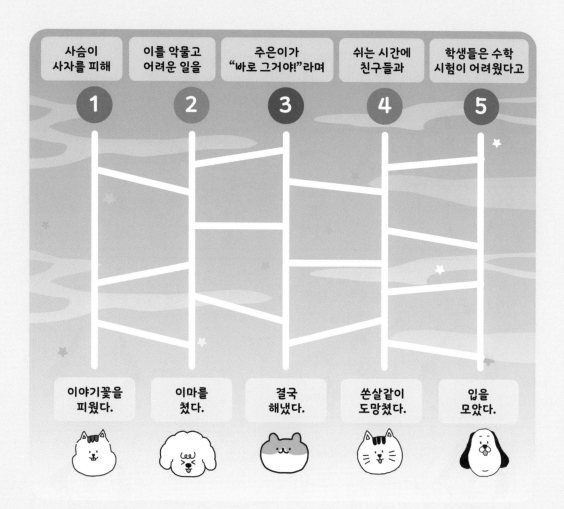

사슴이 사자를 피해	이를 악물고 어려운 일을	주은이가 "바로 그거야!"라며	쉬는 시간에 친구들과	학생들은 수학 시험이 어려웠다고
1	2	3	4	5
이야기꽃을 피웠다.	이마를 쳤다.	결국 해냈다.	쏜살같이 도망쳤다.	입을 모았다.

111

입이 떡 벌어지다

너무 놀라서 입을 크게 벌린 채 그대로 있다는 뜻이에요. '입을 다물지 못하다', '할 말을 잃다'도 같은 의미의 관용 표현이지요.

표현력 '입이 떡 벌어지다' 어떻게 쓰일까요?

(1) 예성이의 뛰어난 노래 솜씨에 **입이 떡 벌어졌다.**

(2) 시험에 합격해서 **입이 떡 벌어지게** 잔치를 벌였다.

 어휘력 밑줄 친 말과 비슷한 말에 O 하세요.

(1) 저녁상을 **입이 떡 벌어지게** 차렸다.

= 저녁상을 (거창하게 / 소박하게) 차렸다.

(2) 웅장한 석탑의 모습에 **입이 떡 벌어졌다.**

= 웅장한 석탑의 모습에 (안절부절못했다. / 할 말을 잃었다.)

 독해력 그림을 보고 바르게 말한 친구를 고르세요.

① 규민: 사람들의 입이 떡 벌어진 것을 보니 깜짝 놀랄 만한 일이 있나 봐.

② 다윤: 달력을 보며 방학을 손꼽아 기다리고 있네.

③ 아린: 슬픈 일을 겪어서 눈물이 마를 날 없구나.

🗓 화요일 쥐구멍에 숨고 싶다

몹시 부끄럽거나 떳떳하지 못해서 몸을 숨기려고 애쓰는 모습이에요. '쥐구멍을 찾다'도 같은 뜻이지요.

표현력 '쥐구멍에 숨고 싶다' 어떻게 쓰일까요?

(1) 같은 실수를 몇 번씩 하다니, 부끄러워 쥐구멍에 숨고 싶다.

(2) 거짓말이 들켜 쥐구멍에 숨고 싶었다.

 어휘력 둘 중 알맞은 말에 O 하세요.

(1) 바지의 지퍼가 열린 것을 뒤늦게 확인하고 (쥐구멍에 / 콧구멍에) 숨고 싶었다.

(2) 사실이 들통나자 쥐구멍에 (볕이 들고 / 숨고) 싶었다.

 독해력 글을 읽고 O 안에 들어갈 말을 고르세요.

오늘 학교에서 현아와 말싸움이 있었어요. 받아쓰기 시험을 보고 정답을 서로 '맞혀 보자'고 했더니 현아가 '정답을 서로 맞춰 보는'게 아니냐고 따지는 거예요. 나는 '맞히다'와 '맞추다'의 차이도 모르냐며 현아에게 핀잔을 주었어요. 그런데 교과서를 찾아보니 현아의 말대로 '답을 서로 맞춰 보는' 게 맞는 표현이었어요. 내가 틀린 줄도 모르고 친구에게 큰소리를 치다니, 창피해서 ○○○에 숨고 싶은 마음이었어요.

① 화장실   ② 이불속   ③ 쥐구멍

수요일 진땀이 나다

어려운 일이나 난처한 일을 당해서 몹시 긴장되고 애가 탄다는 뜻이에요.
'입이 바짝바짝 마르다', '가슴이 타다' 모두 같은 뜻을 가진 말이에요.

표현력 **'진땀이 나다' 어떻게 쓰일까요?**

(1) 여러 사람 앞에서 발표를 하는 것은 진땀이 나는 일이다.

(2) 계속되는 추궁에 변명을 하느라 진땀이 났다.

 어휘력 **관용 표현을 바르게 쓴 문장에 O, 틀리게 쓴 문장에 X 하세요.**

(1) 매일 1시간씩 피아노 연습을 했더니 이 정도 연주는 진땀이 난다. (   )

(2) 처음 가 보는 동네에서 길을 잃어 진땀이 났다. (   )

 독해력 **대화를 읽고 이 상황에 어울리는 관용 표현을 고르세요.**

동생의 수학 숙제를 돕던 지연이는 크게 당황했어요. 2학년 수학 문제라 쉬울 줄 알았는데 계산이 꽤 복잡했거든요. 겨우 수학 숙제를 끝냈는데 이번에는 동생이 국어와 영어 숙제도 가져왔어요. 지연이는 동생이 모르는 문제를 물어볼까 봐 긴장됐어요.

① 진땀이 나다

② 동에 번쩍 서에 번쩍 하다

③ 눈이 빠지다

목요일 # 천하를 얻은 듯

 하늘과 땅을 모두 다 얻은 듯 매우 기쁘고 만족스럽다는 뜻이에요. '세상을 다 얻은 듯'이라는 말도 같은 뜻이에요.

표현력 '천하를 얻은 듯' 어떻게 쓰일까요?

(1) 일을 무사히 끝내자 **천하를 얻은 듯** 기뻤다.

(2) 재희가 내 고백을 받아 주어 **천하를 얻은 듯** 행복했다.

 어휘력 밑줄 친 말과 비슷한 의미를 가진 말에 O 하세요.

(1) 옛날 어린이들은 사탕 한 알에도 <u>천하를 얻은 듯</u> 기뻐했대요.

= 옛날 어린이들은 사탕 한 알에도 (세상을 / 밥상을) 얻은 듯 기뻐했대요.

(2) 어려울 때 함께하는 친구가 있어 <u>천하를 얻은 듯</u> 든든하다.

= 어려울 때 함께하는 친구가 있어 (하늘과 땅을 / 해와 달을) 모두 다 얻은 듯 든든하다.

 독해력 관용 표현 '천하를 얻은 듯'을 바르게 사용한 친구 둘을 고르세요.

- 윤오: 우리 아빠는 내가 태어났을 때 천하를 얻은 듯 했다고 하셨어.
- 채원: 열심히 공부했는데 시험을 망쳐서 천하를 얻은 듯 했어.
- 건우: 힘들게 산에 올라 아래를 내려다보니 천하를 얻은 듯 행복했어.
- 유찬: 아끼던 볼펜을 잃어버려서 천하를 얻은 듯 했어.

① 윤오, 채원   ② 채원, 유찬   ③ 윤오, 건우

금요일 코끝이 시리다

코의 끄트머리 부분이 추위를 느낄 정도로 차다는 뜻으로, 날씨가 추워졌다는 표현이에요.

와, 날씨가 갑자기 추워졌네.

코끝이 시린 걸 보니, 정말 겨울이 왔나 봐.

호오~ 입김 나는 것 봐.

이렇게 추운 날은 따뜻한 어묵이랑 국물 한 그릇이 딱인데!

에이, 겨울에는 군고구마가 최고지!

아냐, 군밤이 더 맛있어!

으아, 먹는 거 얘기하니 갑자기 배 고프다! 뭐든 먹으러 가자~!

표현력 '코끝이 시리다' 어떻게 쓰일까요?

(1) 날씨가 얼마나 차가운지 **코끝이 시려서** 가만히 서 있을 수가 없었다.

(2) 입춘이 지나니 날은 춥지만 **코끝이 시릴** 정도로 바람이 차지는 않다.

 어휘력 이어질 말을 찾아 줄로 연결하세요.

코끝이 시리고   •   • 찬 공기에 코끝이 시렸다.

냉동실을 열었더니 •   • 입김이 나오는 겨울이 되었다.

 독해력 기사를 읽고 내용을 잘못 이해한 친구를 고르세요.

12월 10일부터 코끝 시린 추위가 시작될 것으로 보입니다. 기상청은 전국의 기온이 영하로 떨어지고 바람도 강하게 불 것이라고 예측하면서 특히 아침저녁 추위에 감기에 걸리지 않도록 조심해 달라고 당부했습니다.

① 현진: 12월 10일부터 날씨가 추워지는구나.

② 아윤: 기온은 영하로 떨어지지만 바람은 안 부네.

③ 시헌: 감기에 걸리지 않도록 옷을 따뜻하게 입어야지.

쓰기 능력 키우기

선을 따라 글자를 쓰면서 배운 내용을 익히세요.

노래 ✓ 솜씨에

| 입 | 이 | ✓ | 떡 | ✓ | 벌 | 어 | 졌 | 다 | . |

부끄러워

| 쥐 | 구 | 멍 | 에 | ✓ | 숨 | 고 | ✓ | 싶 | 다 | . |

변명을 ✓ 하느라

| 진 | 땀 | 이 | ✓ | 났 | 다 | . |

상을 ✓ 받고

| 천 | 하 | 를 | ✓ | 얻 | 은 | ✓ | 듯 | 기뻤다.

날씨가 ✓ 너무 ✓ 추워

| 코 | ✓ | 끝 | 이 | ✓ | 시 | 리 | 다 | . |

122

관용 표현 익히는 가로세로 낱말 퍼즐

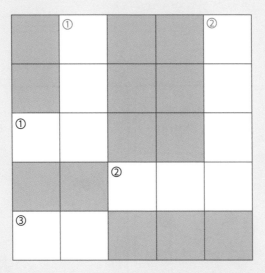

가로 열쇠

① 너무 놀라서 입이 잘 다물어지지 않는다.

  (예) ○○ 떡 벌어지다.

② 코의 끄트머리 부분이 추위를 느낄 정도로 차다.

  (예) 코끝이 ○○○.

③ 하늘과 땅을 모두 다 얻은 듯 매우 기쁘고 만족스럽다.

  (예) ○○를 얻은 듯

세로 열쇠

① 어려운 일을 당해서 몹시 긴장되고 애가 탄다.

  (예) ○○○ 나다.

② 몹시 부끄럽거나 떳떳하지 못해서 몸을 숨기려고 애쓰다.

  (예) 쥐구멍에 ○○ ○○.

큰코다치다

뜻하지 않게 크게 망신을 당했다는 뜻이에요. '개망신하다', '봉변하다' 모두 같은 뜻을 가진 말이지요.

여긴가?

다 비슷하게 생겨서 어렵네.

에이, 쉬워 보이는데? 내가 해 볼까?

흥, 라미 너 잘난 척하다가 큰코다친다!

얘들아 뭐 해?

응, 퍼즐을 맞추고 있는데 너무 어려워.

하하하. 뭉식이 네 말이 맞네. 이거 너무 어렵다. 난 이만 가 볼게.

흥, 하나도 못 맞췄잖아?

표현력 '큰코다치다' 어떻게 쓰일까요?

(1) 아무 데서나 함부로 까불다가는 큰코다친다.

(2) 나이가 어리다고 깔보다가는 큰코다친다.

 어휘력 둘 중 알맞은 말에 O 하세요.

(1) 길에서 넋 놓고 다니다가는 (큰코다친다. / 가슴이 벅차다.)

(2) 자신의 건강에 대해 자만하다가는 (가슴이 저린다. / 큰코다친다.)

 독해력 대화를 읽고 영지의 속마음으로 알맞은 것을 고르세요.

영지: 영석아, 너 아직도 수학 숙제를 하고 있니?

영석: 응, 너무 어려워.

　　 참! 누나는 맨날 수학 100점 받았다고 했지? 이 문제 푸는 법 좀 알려 줘.

영지: 나에게 2학년 수학은 너무 시시하지만… 특별히 한번 봐 줄게.

영석: 누나, 벌써 20분이나 지났는데 아직 다 못 풀었어?

영지: 어휴! 문제가 꽤 어렵네!

① 큰코다쳤네!

② 눈 호강을 했네.

③ 발이 넓네.

터를 닦다

 어떤 일을 이루기 위해 밑바탕을 마련한다는 뜻이에요. '바탕을 다지다'도 같은 뜻의 표현이에요.

 **표현력** '터를 닦다' 어떻게 쓰일까요?

(1) 할아버지는 우리 마을의 **터를 닦으셨다.**

(2) 나라를 세우기 위해 한강 근처에 **터를 닦았다.**

 어휘력 밑줄 친 말과 비슷한 말에 O 하세요.

(1) 주시경 선생은 우리말 연구의 **터를 닦은** 위인이다.

= 주시경 선생은 우리말 연구의 (바탕을 다진 / 꼬리를 내린) 위인이다.

(2) 목수가 집을 짓기 위해 **터를 닦았다.**

= 목수가 집을 짓기 위해 (땅을 다졌다. / 가슴을 졸였다.)

 독해력 글을 읽고 O 안에 들어갈 말을 고르세요.

우리 가족은 아파트 옥상에 작은 텃밭을 가꾸고 있습니다. 지난 주말에는 방울토마토를 심기 위해 새 흙을 뿌리고 거름도 주었어요. 정성 들여 ○○ ○○ 텃밭에서 방울토마토가 무럭무럭 잘 자랐으면 좋겠습니다.

① 뜸을 들인

② 발이 넓은

③ 터를 닦은

수요일 하루에도 열두 번

어떤 일이 매우 자주 일어나는 것을 뜻하는 말이에요. '밥 먹듯 하다'도 비슷한 뜻을 가진 말이에요.

나는 레몬 맛 먹어야지~.

몽이는 딸기 맛!

라미는 무슨 맛 먹냐, 몽?

음, 나는….

나도 딸기 맛!

잠깐만, 그냥 딸기로 할게!

야, 빨리 골라!

아! 아니다, 포도 맛 할래.

알았어. 포도로 주문한다~.

어휴, 라미는 하루에도 열두 번 마음이 바뀌잖아~! 그냥 우리 먼저 먹자.

표현력 '하루에도 열두 번' 어떻게 쓰일까요?

(1) 민서는 하루에도 열두 번 줄넘기 연습을 한다.

(2) 너무 힘들어서 하루에도 열두 번 그만두고 싶다는 생각을 했다.

 어휘력 관용 표현을 바르게 쓴 문장에 O, 틀리게 쓴 문장에 X 하세요.

(1) 변덕이 심한 정수는 10년에 한 번씩 마음이 바뀌어 대하기가 힘들다. (   )

(2) 목표를 이루기 위해 나는 하루에도 열두 번 마음을 다잡는다. (   )

 **독해력** '변덕이 죽 끓듯 한다'와 같은 뜻의 문장을 고르세요.

> '변덕이 죽 끓듯 한다.'는 속담은 마음이 수시로 바뀌어서 종잡을 수 없다는 뜻을 가지고 있어요. 죽은 끓을 때 어느 방향에서 끓어오르고, 언제 넘칠지 알 수 없지요. 이렇게 끓는 죽처럼 예측할 수 없이 마음이 바뀌는 사람을 가리켜 '변덕이 죽 끓듯 한다.'고 해요.

① 하루에도 열두 번 마음이 바뀌다.

② 슬픔에 눈물이 마를 날 없다.

③ 긴장이 되어 마른침을 삼키다.

혀를 내두르다

 몹시 놀라서 감탄하는 모습 혹은 어이가 없어서 할 말이 없는 모습을 표현하는 말이에요. 놀라서 말을 못 하는 모습을 표현한 '말문이 막히다'도 비슷한 뜻의 말이에요.

얘들아, 나 너무 떨려!

걱정 마. 잘할 거야! 우리 모두 혀를 내두를 정도로 열심히 연습했잖아.

힝, 그래서 목이 쉬어 버렸어.

괜찮아, 넌 연주도 잘하니까!

보리 힘내라!

저렇게 잘하면서 괜히 긴장했네!

맞아, 대상은 무조건 보리다~!

표현력 '혀를 내두르다' 어떻게 쓰일까요?

(1) 어려운 질문에 척척 답을 하니 어른들이 모두 **혀를 내둘렀다**.

(2) 옷값이 너무 비싸 **혀를 내둘렀다**.

 어휘력 이어질 말을 찾아 줄로 연결하세요.

황희 정승은 사람들이 혀를 내두를 정도로 •

사람들은 조그만 아이가 힘이 참 세다며 •

• 혀를 내둘렀다.

• 정직한 사람이었다.

 독해력 글을 읽고 맞는 말에는 O, 틀린 말에는 X 하세요.

클래식 음악을 대표하는 위대한 작곡가 모차르트는 세 살 때부터 피아노를 쳤어요. 다섯 살에는 작곡을 시작하고, 열두 살에는 오페라를 작곡하여 사람들이 '음악 신동'이라며 혀를 내둘렀지요. 모차르트는 35세의 젊은 나이로 세상을 떠났지만 지금까지도 그의 음악은 전 세계적으로 사랑받고 있어요.

(1) 사람들은 모차르트의 뛰어난 실력에 혀를 내둘렀어요. (　　)

(2) 모차르트는 다섯 살에 작곡을 시작했어요. (　　)

(3) 모차르트는 100세까지 오래 살았어요. (　　)

호랑이 담배 피우던 때

지금과는 형편이 다른 아주아주 까마득한 옛날을 말해요. '호랑이 담배 먹던 시절'이라고 하기도 해요.

표현력 '호랑이 담배 피우던 때' 어떻게 쓰일까요?

(1) 아주아주 먼 옛날 **호랑이 담배 피우던 때** 이야기이다.

(2) **호랑이 담배 피우던 때**, 사람들은 자동차 대신 말을 타고 다녔다.

 어휘력 둘 중 알맞은 말에 O 하세요.

(1) 초등학생이 도시락을 들고 학교에 간 것은 (호랑이 / 너구리) 담배 피우던 때 이야기다.

(2) '해와 달이 된 오누이'는 호랑이 (모닥불 / 담배) 피우던 시절이 배경이다.

 독해력 글을 읽고 빈칸에 들어갈 말을 고르세요.

호랑이는 사람을 해칠 수 있는 무서운 동물이지만 우리 조상들은 호랑이를 친근하게 여겼어요. 그래서 평범한 사람들이 사는 모습이나 전설 등을 그린 '민화'에도 호랑이가 자주 등장하는데, 그중 하나가 '호랑이가 담배를 피우는 모습'이지요. 호랑이는 우리가 자주 쓰는 말에도 등장해요. 관용 표현 ⬜⬜⬜⬜⬜ 는 호랑이가 사람들과 어울려 담배풀을 뜯어 먹었을 만큼 아주 오랜 옛날을 뜻하지요.

① 개구리 올챙이 시절

② 호랑이 담배 피우던 때

③ 로봇이 인간을 대신하는 때

쓰기 능력 키우기

선을 따라 글자를 쓰면서 배운 내용을 익히세요.

함부로 ∨ 까불다가는 | 큰 | 코 | 다 | 친 | 다 | . |

텃밭을 ∨ 가꾸기 ∨ 위해 | 터 | 를 | ∨ | 닦 | 다 | . |

윤주는 | 하 | 루 | 에 | 도 | ∨ | 열 | 두 | ∨ | 번 |
마음이 ∨ 바뀐다.

옷값이 ∨ 너무 ∨ 비싸 | 혀 | 를 | ∨ | 내 | 두 | 르 | 다 | . |

아주 ∨ 먼 ∨ 옛날 | 호 | 랑 | 이 | ∨ | 담 | 배 | ∨ |

| 피 | 우 | 던 | ∨ | 때 | 이야기이다.

쉬어 가는 페이지

관용 표현 공부하는 미로 찾기

자전거를 탄 친구가 공원에 가고 있어요.
관용 표현을 알맞게 활용한 문장을 따라가면 공원에 도착할 수 있대요.

	변덕이 심한 윤아는 1년에 한 번씩 마음이 바뀐다.	아이가 어려운 문제를 척척 풀자 사람들이 발을 내둘렀다.
잘난 체하다가 큰코다치다.	건물을 짓기 위해 머리를 닦다.	시험공부를 열심히 했더니 큰코다쳤다.
노동자들이 우리나라 경제 발전의 터를 닦았다.	힘든 일을 해내기 위해 하루에도 열두 번씩 마음을 다잡았다.	호랑이 담배 피우던 때 스마트폰이 우리 생활을 바꾸었다.
그 식당은 음식 값이 너무 비싸서 모두가 혀를 감추었다.	아주 먼 옛날 호랑이 담배 피우던 때 이야기이다.	

놀면서 배우는
초등 필수 관용 표현

초판 1쇄 발행 2022년 12월 28일

감수 하유정
지은이 초등국어연구소
그린이 유희수
펴낸이 민혜영
펴낸곳 (주)카시오페아 출판사
주소 서울시 마포구 월드컵로 14길 56, 2층
전화 02-303-5580 | **팩스** 02-2179-8768
홈페이지 www.cassiopeiabook.com | **전자우편** editor@cassiopeiabook.com
출판등록 2012년 12월 27일 제2014-000277호
책임편집 최유진, 오희라 | **외주디자인** 산타클로스
편집1 최유진, 오희라 | **편집2** 이수민, 양다은 | **디자인** 이성희, 최예슬
마케팅 허경아, 홍수연, 이서우, 이애주

ISBN 979-11-6827-088-6 63710